BRENNPUNKT KINDERZIMMER

Mehr Bäume.
Weniger CO_2.
www.cpi-print.de/umwelt

FSC
www.fsc.org
MIX
Papier | Fördert gute Waldnutzung
FSC® C083411

Judith Hintermeier:
Brennpunkt Kinderzimmer

www.edition-a.at

Cover: Theresa Lang
Satz: Bastian Welzer

Gesetzt in der Premiera
Gedruckt in Deutschland

1 2 3 4 5 — 27 26 25 24

ISBN: 978-3-99001-721-0

Judith Hintermeier

BRENNPUNKT KINDERZIMMER

Die gefährliche Entwicklung der Kleinsten

Eine Pädagogin warnt

edition a

INHALT

Der Keim des Niedergangs

Ein Tabu ist etwas, das bedrückend im Raum steht. Immer wieder ist von einem vermeintlich letzten Tabu die Rede, welches wir angeblich gerade brechen. Da geht es zum Beispiel um das berufliche Vordringen von Frauen in Männerdomänen und es entsteht der Eindruck, als würden wir in einer modernen, offenen Gesellschaft leben, in der wir über alles reden können und in der es überhaupt nur noch ganz wenige Tabuthemen gibt. Dabei gibt es ein Tabu, das wirklich niemand sehen und über das niemand sprechen will. Es betrifft und gefährdet die gesamte kommende Entwicklung unserer Gesellschaft. Nein, es geht ausnahmsweise nicht um den Klimawandel.

Es geht um unsere Kinder. Es geht um jene Menschen, die in einigen Jahren die Geschicke dieser Welt bestimmen und mit ihren Leistungen im Rahmen des Generationenvertrages unsere Pensionen bezahlen sollen.

Um jene also, die das Erreichte erhalten und weiter entwickeln sollen. Um unsere Nachkommen, die wirtschaftlichen, technischen und kulturellen Fortschritt erzielen und mit den vielen kommenden und wechselnden Bedrohungslagen umgehen werden müssen.

Bei diesen Kindern tut sich etwas, das anscheinend weder die Politik und der Bildungsapparat inklusive der Elementarpädagogik noch ihre Eltern und deren ganze Generation wahrhaben wollen.

Die Kinder verändern sich.
Und das auf eine besorgniserregende Weise.

Was kommt da auf uns zu?

Die heutigen Kinder verändern sich so schnell und fundamental, dass sie bei Elementarpädagoginnen und Elementarpädagogen, die diesen sich beschleunigenden Prozess seit Jahren unmittelbar miterleben und verfolgen, die Frage aufwerfen, wie das alles nur werden soll. Wie sollen diese Kinder zum Beispiel den drohenden Zerfall einer immer rabiateren und durch Selbstbezogenheit gekennzeichneten Gesellschaft verhindern? Wie sollen sie all das bewahren und in die Zukunft tragen, was Generationen mühsam vor ihnen aufgebaut haben?

Wie sollen sie später als Erwachsene den Generationenvertrag einhalten? Es wird schwierig. Denn diese Kinder leiden zunehmend an Phänomenen wie:

- Schlafstörungen
- Depressionen
- Aufmerksamkeitsproblemen

- Hyperaktivität
- Essstörungen
- Übergewicht
- verzögerter Sprachentwicklung
- Suchtverhalten
- echtem Autismus sowie dem durch übermäßigen Technik-Konsum verursachten Pseudo-Autismus
- Augenerkrankungen
- verzögerten haptischen und feinmotorischen Wahrnehmungen und Fähigkeiten
- Bindungsstörungen
- verzögerter Sozialisierung
- mangelnder Selbstbeherrschung und Emotionskontrolle
- Gewaltbereitschaft

Was soll aus einer Welt werden, in der sie das Sagen haben? Die Probleme, welche diese Kinder bereits in den Kindergarten mitbringen, sind dort kaum zu lösen. Das weiß niemand besser als wir Beschäftigten, die wir jeden Tag mit ihnen arbeiten. Umso schwieriger sind sie zu lösen, wenn die Kinder sie mit in die Schulen und danach in ihr restliches Leben weitertragen.

Der wertvollste Schatz einer Gesellschaft

Wir Pädagoginnen und Pädagogen genießen ein Privileg, das uns in gewisser Weise über alle anderen Berufsgruppen stellt: Wir hüten den wertvollsten Schatz, den eine Gesellschaft hat: ihre Zukunft in Form ihrer Kinder.

Wir sind uns dieser Verantwortung voll bewusst, auch wenn jene, die sie uns geben, uns manchmal herablassend als »Kindergartentanten« betiteln, uns immer mehr Aufgaben und Bürokratie aufhalsen, uns untaugliche Systeme zur Verfügung stellen, uns in Form geringer Löhne wirtschaftlich kurzhalten und insgesamt unsere Leistungen nicht zu würdigen scheinen.

Weil wir uns dieser Verantwortung bewusst sind, wählen wir unsere Worte sorgfältig. Die Worte gegenüber den Kindern selbst, ihren Eltern und ihren Familien, aber auch die gegenüber der Politik, der wir von unserer Arbeit im wichtigsten gesellschaftlichen Entwicklungsbereich, der frühkindlichen Erziehung und Bildung, Rückmeldungen geben, sowie die gegenüber der Öffentlichkeit, der wir in einer zunehmend von Medien geprägten Welt ebenfalls Rechenschaft schuldig sind.

Die Worte sorgfältig zu wählen bedeutet auch, auf Alarmismus zu verzichten und problematischen

Entwicklungen jeweils das Positive und konkrete Lösungsansätze gegenüberzustellen. Es heißt auch, Generationen nicht pauschal zu beurteilen. Das mag unter Begriffen wie Generation X, Generation Z oder »Die letzte Generation« in den vergangenen Jahrzehnten modern geworden sein, wurde der Sache aber selten gerecht. Menschen, zumal Kinder, haben zwar aufgrund aktueller, zeitbezogener Prägungen vieles gemeinsam, unterscheiden sich doch aber immer auch grundlegend voneinander. Jedes Kind ist tatsächlich anders und auf seine Weise besonders.

Vorsicht bei Wortmeldungen über Kinder ist für Elementarpädagoginnen und Elementarpädagogen vor allem auch deshalb geboten, weil es immer Mütter, Väter und Kinder gibt, die sich darin erkennen und sich kritisiert, herabgesetzt oder sogar beleidigt fühlen könnten. Das würde der Idee dieses Buches mehr schaden als nutzen. Denn bei allen Problemen, die wir sehen und hier endlich benennen, geht es uns darum, zu helfen und Schlimmeres zu verhindern.

Andererseits hat genau diese Vorsicht mit zum Entstehen des großen Tabus beigetragen. Manchmal sprechen wir nicht darüber aus Angst, manchmal aus eigener Betroffenheit, manchmal aber eben auch aus Gründen der Empathie und des Respektes vor den Eltern.

Das Ende des Schweigens

Aus solchen guten Gründen verschweigen wir fatalerweise oft, dass die Generation jener Kinder, die jetzt zu uns in die Bildungseinrichtungen kommt oder hier schon ist, die heutige Generation Kindergarten sozusagen, den Keim des gesellschaftlichen Niederganges bereits in sich trägt. Das mag hart klingen, aber es ist eine unbestreitbare Tatsache, dass etwas gegen die aktuellen Probleme zu tun ist. Kinder brauchen neben der besten Bildung auch Halt und Struktur. Dies ist sehr viel wichtiger als eine knallharte Klientelpolitik für die Industrie, Wirtschaftsförderprogramme zu starten oder Steuergeschenke für Superreiche zu schnüren. Unser aller Zukunft ist in Gefahr.

Ich selbst war zwölf Jahre lang als Elementarpädagogin tätig, um anschließend in die Arbeitnehmerinnenvertretung und zur *younion _ Die Daseinsgewerkschaft* zu wechseln. In dieser Position bin ich vor Anfeindungen besser geschützt als meine Kolleginnen und Kollegen, die »an der Front«, also draußen in den Kleinkindgruppen, Kindergärten und Horten arbeiten. Es gehört zu meinem Beruf, die Aufmerksamkeit auf Probleme und Missstände zu lenken und Lösungen dafür zu entwickeln und anzubieten. Deshalb schreibe ich dieses Buch.

Weil es hier vor allem um Beobachtungen von Beschäftigten in der täglichen Berufspraxis und die sich aufdrängenden Schlussfolgerungen gehen soll, habe ich mich entschlossen, zwei Kolleginnen eine Stimme zu geben, die täglich direkt mit den Kleinsten arbeiten. Ich habe sie gebeten, zu erzählen, was sie in ihrem Berufsalltag erleben, wie sich die Probleme der Kinder für sie anfühlen, welche Gründe sie für den bedenklichen Zustand der nachwachsenden Generationen sehen, was sie erwarten, wenn nichts passiert, und welche möglichen Zukunftsszenarien sich gerade aufbauen. Beide können hier sprechen, ohne sich selbst oder jemand anderen in Bedrängnis zu bringen. Denn wir haben nicht nur ihre Namen verändert, sondern auch alle Beispiele, die sie bringen, anonymisiert – durch veränderte Namen der handelnden Personen, veränderte Orte sowie andere veränderte Fakten.

Berichte aus der Praxis

Eine dieser beiden Elementarpädagoginnen übt ihren Beruf seit dreißig Jahren aus und beobachtet seither die beschriebene Entwicklung, die ihr von Jahr zu Jahr größere Sorgen bereitet. Als wir uns im Vorfeld des Buches ausgetauscht haben, hat sie mir gestanden, dass sie sich zunehmend fragt, wohin denn das alles führen soll. Und sie erzählte, dass sie immer weniger versteht, warum alle schweigen und niemand etwas tut. Diese engagierte Pädagogin ist fünfzig Jahre alt, hat gemäß der österreichischen Pensionsgesetze noch zehn Jahre zu arbeiten. Ihre Bilanz ist schon jetzt erschütternd. Sie sagt: »Ich weiß wirklich nicht, wie die Kinder, die wir jetzt hier sehen, einmal meine Pension erwirtschaften sollen.« Ihre Beobachtungen und Analysen sind in den Text dieses Buches mit eingeflossen.

Auch die zweite Elementarpädagogin habe ich gebeten, ihre Erfahrungen mit einem größeren Publikum zu teilen, weil sie die aktuelle Entwicklung aus drei Perspektiven kennt. Zunächst war sie Au-pair und Kindermädchen und hat erlebt, wie sich die Allerkleinsten entwickeln, welchen Familien- und Umwelteinflüssen sie ausgesetzt sind, und was sie frühzeitig formt und deformiert.

Danach war sie Elementarpädagogin und beobachtete, wie diese Kinder den Kindergarten und die Vorschulzeit durchliefen, und wie schwierig es auch angesichts der derzeitigen organisatorischen und finanziellen Strukturen in diesem Bereich ist, irgendetwas zu verbessern.

Inzwischen ist sie Volksschullehrerin, wo ihr die ehemaligen Kindergartenkinder neuerlich begegnen. »Wenn die Kinder mit all ihren Auffälligkeiten in der Volksschule ankommen, ist kaum noch etwas zu machen«, sagt sie. »Dann sind Lebenswege bereits vorgegeben und es sind keine guten. Sie sind jedenfalls ganz bestimmt nicht so gut, wie sie sein könnten.« Sie analysiert das Problem in einem ausführlichen

Kapitel mit ihren eigenen Worten und ihrer eigenen Stimme.

Gegen das Gefühl der Hoffnungslosigkeit

Wir drei lieben Kinder. Die beiden Kolleginnen setzen sich für sie ein, indem sie jeden Tag mit ihnen arbeiten. Ich setze mich für sie ein, indem ich versuche, für meine Kolleginnen und Kollegen auf politischer Ebene Rahmenbedingungen auszuhandeln, mit denen sie diese Arbeit im Sinne der Kinder bestmöglich leisten können. Und das erscheint mir schwieriger und dabei auch dringender denn je.

Weil wir Kinder lieben, sprechen wir jetzt offen und kämpfen damit gegen ein tiefes Gefühl der Hoffnungslosigkeit, das sich unter vielen Beschäftigten auszubreiten beginnt. Natürlich freuen wir uns, wenn wir hören, wenn eine Frau schwanger ist und voller guter Hoffnung und voll guter Absichten ein Kind erwartet. Umso bedrückender kann es sein, wenn wir sehen, was aus diesen Kindern wird.

Deshalb zeigen wir in diesem Buch, was gerade gründlich schiefläuft. Wir sind weder Reproduktionsmedizinerinnen noch Psychiaterinnen oder Psychologinnen und können über die Gründe für diese Entwicklungen nur Mutmaßungen anstellen. Deshalb haben wir ergänzend den Reproduktionsmediziner Prof. DDr. Johannes Huber um eine Einschätzung der Lage gebeten.

Wir sprechen einige Dinge an, die vielen von Ihnen schon aufgefallen sind. Wenn Sie zum Beispiel Kinderwägen gesehen haben, in denen es stundenlang ganz still ist, weil schon die Allerkleinsten den digitalen Schnuller bekommen, dann haben Sie sich vielleicht gefragt: Kann das wirklich gut gehen? Wozu führt das? Wirklich nur dazu, dass diese Kinder später digital besonders fit sind?

Wie Sie feststellen werden, weisen wir niemandem Schuld zu. Nicht den Eltern, die in unserem System destruktiven Sachzwängen und falscher Meinungsbildung ausgesetzt sind, gegen die schwer anzukommen ist. Natürlich auch nicht den Kindern selbst. Sie sind das Produkt von auf sie einwirkenden Einflüssen, die sie sich ganz gewiss nicht ausgesucht haben.

Kapitel 1

Die schreckliche Normalität des Wahnsinns

Stellen Sie sich vor, Sie müssen drei Kinder gleichzeitig für einen Herbstausflug fertig machen. Ehe das letzte Fettröllchen in gestreiften Strumpfhosen verschwunden ist, alle drei ihre bunten Pullover und ihre Matschhosen sowie die gelben Regenstiefel von Oma übergestreift haben, zieht sich das erste Kind schon wieder aus, weil es die Lust am Abenteuer verloren hat. Wenn dann doch endlich alle drei ihre Regenjacken mit den sternförmigen Reflektoren bis zum Kinn zugezogen haben, auf jedem der drei Köpfe eine Haube mit lustigem Bommel sitzt und die finale Spielzeugsammlung eingepackt ist, will ein Mädchen ein Käsebrot, weil es am Abend zuvor das Essen verweigert hat, und ein Junge muss aufs Klo. So kann ein kleiner Ausflug zu viert schnell zu einer großen Herausforderung werden. Wenn Sie selbst Kinder oder Enkelkinder haben, haben Sie das sicher schon erlebt.

Nun stellen Sie sich bitte das gleiche Szenario mit 25 Kindern vor und ja, das erfordert Schnelligkeit, Empathie, Durchsetzungsvermögen, Erfahrung, Geduld und eine gewisse Leidensfähigkeit, ist aber dennoch der ganz normale Wahnsinn im täglichen Berufsleben von Elementarpädagoginnen und Elementarpädagogen. Wir machen das, und wir machen es gerne, auch wenn es tatsächlich an die Leistungsgrenzen gehen kann. Die Kinder verdienen es, dass jemand für sie da ist und sich um sie kümmert. Ob sie gerade anstrengend sind oder nicht, darf dabei keine Rolle spielen.

Jetzt stellen Sie sich vor, unter diesen 25 Kindern wäre ein verhaltensauffälliges. Es versteht nicht richtig, was hier vorgeht. Es ist unzugänglich für die Idee Herbstausflug. Es würde lieber weiter in seiner Ecke in der Gruppe sitzen und vor sich hinstarren und fängt angesichts der nun aufkommenden Veränderung zu schreien an. Es schreit nicht, wie Kinder mangels anderer Ausdrucksmöglichkeiten eben schreien, weil sie ihren natürlichen negativen Emotionen wie Wut, Ärger und Ablehnung Ausdruck verleihen wollen, sondern es schreit wie am Spieß. Es ist nicht zu beruhigen. Es schreit hysterisch und ist untröstlich.

Auch damit können wir umgehen. Verhaltensauffällige Kinder hat es schon immer gegeben. Je nach Art der Verhaltensauffälligkeit haben wir Strategien, um auch sie zu managen, selbst in Stresssituationen wie bei einem Aufbruch. Wir können den Extra-Raum und die Extra-Aufmerksamkeit, die sie brauchen, eigentlich nicht erübrigen, schaffen es aber trotzdem irgendwie.

Jedes Mal, jeden Tag. Ein solches Kind läuft in der Dynamik der Gesamtgruppe gewissermaßen mit. Auch die anderen Kinder lassen sich davon nicht irritieren. Wir schaffen das. Gemeinsam.

Und jetzt stellen Sie sich bitte vor, in dieser Gruppe von 25 Kindern gäbe es nicht nur ein solches Kind, sondern noch zwei weitere, die genauso auf den Aufbruch reagieren und noch einige andere mit anderen diagnostizierten oder nicht diagnostizierten Verhaltensauffälligkeiten sowie diversen Entwicklungsverzögerungen. Der Aufbruch verzögert sich. Die ersten angezogenen Kinder fangen unter ihren Hauben an zu schwitzen, während ein Junge, der nie gelernt hat, seine basalen Bedürfnisse auszudrücken, aufs Klo muss, und nun unversehens Urin von dem Windrad tropft, das im Topf des Gummibaumes im Gruppenraum steckt.

Noch bevor seine Aktion in den Mittelpunkt des Interesses rücken kann, brüllt ein anderer Junge eine gefährliche Drohung durch den Raum und seine sich überschlagende Stimme und sein kalkweißes, verzerrtes Gesicht vertreiben jeden Zweifel daran, dass er es ernst meint. »Ich hasse dich«, schreit er. »Ich bringe dich um!«

Ein hölzerner Sessel fliegt durch den Gruppenraum, der auf der Stirn eines Kindes eine blutige Wunde hinterlässt, während ein anderes Mädchen weint, bis es sich vor Erschöpfung übergibt, ehe es sich, sich selbst umklammernd, in den Schlaf zu wiegen versucht.

Stellen Sie sich vor, Sie sind Pädagogin und wie ich, zum Zeitpunkt der geschilderten Ereignisse, noch neu im Job. An Ihrem ersten Arbeitstag hat Ihnen Ihre Vorgesetzte wortlos eine Gruppe von 25 Kindern übergeben, die mit den engelsgleichen Wesen aus den elementarpädagogischen Lehrbüchern nicht das Geringste zu tun haben. Jetzt befinden Sie sich in der Mitte dieses Wahnsinns aus Schweiß, Urin, Blut, Tränen und Erbrochenem. Nach zahlreichen vergeblichen Versuchen erscheint Ihnen Ihre Aufgabe unerfüllbar. Sie sind selbst den Tränen nahe und würden am liebsten Ihren Mantel nehmen und die Gruppe sich selbst überlassen.

Sie fangen an, nachzudenken. Sie fragen sich, wie Sie auch nur einen weiteren Tag hier überstehen sollen. Denn Sie sind auf das Verhalten der Kinder vorbereitet, nicht aber auf ihre multiplen Verhaltensauffälligkeiten, die Sie hier vorgefunden haben und die einen nennenswerten Teil der Kinder weitgehend unkalkulierbar in ihren Reaktionen machen. Sie können sich nicht vorstellen, dass zunehmende Erfahrung die Situation wesentlich verbessern wird.

Denn der Wahnsinn, den Sie hier vorgefunden haben, ist im Wortsinn unfassbar. Er lässt sich kaum einordnen, nicht voraussehen und damit auch nicht managen. Es sei denn, es stünden für so eine Gruppe mindestens sieben Elementarpädagoginnen und Elementarpädagogen zur Verfügung.

Sie hadern mit dem Schicksal und entwickeln Verschwörungstheorien darüber, warum ausgerechnet Sie so eine Problemgruppe bekommen haben. Als Sie am Abend Ihres ersten Tages mit einer Kollegin sprechen, nickt sie verständnisvoll und bedauernd. »Der erste Arbeitstag ist immer hart. Die Neuen bekommen aber die leichteren Gruppen«, sagt sie. »Wir wollen sie nicht gleich komplett überfordern oder lass es mich anders ausdrücken: Dass wir sie überfordern, ist ohnedies klar, auch wir selbst gehen jeden Tag an unsere Grenzen. Aber wir wollen es ihnen so leicht wie möglich machen und versuchen, sie so gut es geht zu unterstützen.«

Sie begreifen es mit Schrecken: Der Wahnsinn scheint hier ganz normal zu sein.

Fragen über Fragen

Genauso ist es mir an meinem ersten Arbeitstag als Elementarpädagogin ergangen und genau das habe ich erfahren. Ich war nicht Teil einer Sozialstudie unter Extrembedingungen, bei der nicht informierte Probandinnen und Probanden am Ende zur Belohnung eine Reise nach Teneriffa bekommen. Es war kein Spuk, kein Albtraum, der auch wieder vorübergeht, um einer erträglichen Alltagsroutine Platz zu machen. Das hier war bereits der Alltag und die einzige Chance, die ich offenbar hatte, war zu lernen, mit täglichen Herausforderungen und Unvorhersehbarem umzugehen. Als ich noch zur Schule ging, gab es in einer Klasse ein übergewichtiges Kind, das es besonders schwer hatte. Jetzt gibt es viele übergewichtige und unsportliche Kinder, es ist leider normal geworden. Genauso ist das mit den Verhaltensauffälligkeiten oder Entwicklungsverzögerungen. »War es früher ein einzelnes verhaltensauffälliges Kind, sind es heute viele, und es werden von Jahr zu Jahr mehr«, sagte meine Kollegin zu mir.

Diese Gruppe, die meiner Einschätzung nach »abnormaler« kaum hätte sein können, war also in Wirklichkeit eine ganz »normale«. Ich konnte es kaum glauben und trotzdem war es die Realität. Fragen schwirrten mir durch den Kopf, Fragen, auf die mir meine langjährige Ausbildung keine Antworten mitgeliefert hatte. Fragen, die sich um die Ursachen dieser offensichtlichen Krise, die momentane Bewältigung und die zutiefst beunruhigende Zukunft drehten:

- Was passiert mit unseren Kindern?
- Woher kommen all diese Verhaltensauffälligkeiten und Entwicklungsverzögerungen?
- Warum, um Gottes Willen, werden es immer mehr?
- Was hat sich verändert?
- Wie wird es sein, wenn diese Kinder erwachsen sind?
- Wie wird sich das auf die Gesellschaft auswirken?
- Welche Gesellschaft wird dabei entstehen?
- Was ist verdammt nochmal zu tun, um diesen Wahnsinn zu stoppen?

Auf der Suche nach den Wurzeln

Ich selbst hatte eine schöne Kindheit. Meine Eltern haben mich von Anfang an unterstützt. Sie haben uns Geschwister nie miteinander verglichen und keinen Konkurrenzdruck zwischen uns aufgebaut. Mir standen alle Türen offen und ich konnte mich frei entscheiden, wie ich mein Leben gestalten wollte, das haben sie mir früh vermittelt. Ich hatte genug Freiheiten, genug Freundinnen und Freunde und genügend Freizeit – selbstverständlich auch Regeln. Vor allem hatte ich eine Mutter und einen Vater, an die ich mich immer mit meinen Problemen wenden konnte, und von denen ich wusste, dass sie immer gemeinsam mit mir nach Lösungen suchen würden.

Meine Eltern, die meine ausgeprägte soziale Ader erkannten, waren es auch, die mir statt des Besuches eines gewöhnlichen Gymnasiums bis zur Matura die Ausbildung zur Elementarpädagogin nahelegten. Wenige Jahre später hatte ich mein Maturazeugnis. Meine Ausbildung war abgeschlossen und ich hatte große Träume. Vielleicht eine Weltreise oder doch lieber studieren? Es wurde dann weder das eine noch das andere, vielmehr stürzte ich mich direkt ins Berufsleben. Ein Maturazeugnis und die damit verbundene Studienberechtigung hatten schließlich kein Verfallsdatum und es reizte mich, mein erlerntes Wissen in der Praxis anzuwenden. Ich wollte mit Kindern arbeiten. Für sie da sein. Sie begleiten und fördern. Als ich feststellte, um wie viel anstrengender dieser Job war, als ich als idealistische Studentin gedacht hatte, gab ich dennoch nicht auf. Jeden Tag aufs Neue gab ich alles, um das Beste aus den Kindern herauszuholen.

Ich setzte mich mit den Kindern auseinander und versuchte, auf jedes einzelne einfühlsam und individuell einzugehen. Zum Beispiel auf Sophie, dem Mädchen, das an meinem ersten Arbeitstag so lange geweint hatte, bis es sich vor Erschöpfung übergeben hatte. Sie wollte sich nicht von ihren Eltern trennen. Das war ihr Problem. Sie hatte panische Angst davor, ohne sie im Kindergarten zu bleiben. Doch was sollten die Eltern tun? Sie mussten zur Arbeit und überließen Sophie meiner Obhut.

Ein halbes Jahr lang wiederholte sich das gleiche Ritual. Sie weinte, bis sie sich übergab. Dabei blieb sie unnahbar. Sophie ließ keine Berührungen zu.

Obwohl in der Gruppe so viele Kinder mit großen Problemen waren, gab ich nicht auf. Ich probierte jeden Tag aufs Neue, sie zu beruhigen und in die Gruppe zu integrieren. Dabei sorgte ich dafür, dass immer etwas in ihrer Nähe war, auf dem sie schaukeln konnte. Schaukeln beruhigte Sophie, das hatte ich beobachtet. Nach einem halben Jahr normalisierte sich ihr Verhalten. Das motivierte mich. Diesen Kindern, die als Problemfälle zur Welt gekommen zu sein schienen, war also zu helfen.

Das erste Feuer

Katharina Angerer, jene Pädagogin mit dreißig Jahren Berufserfahrung, nickte, als ich ihr davon erzählte. »So haben wir alle angefangen, mit einer Menge jugendlichem Schwung«, sagte sie. »Bloß erfordert das ein Maß an Selbstausbeutung, das sich auf Dauer nicht durchhalten lässt.«

Deshalb arbeite sie selbst seit acht Jahren nur noch in Teilzeit, erzählte sie mir. Und zwar nicht, weil sie so viele Ideen für ihre Freizeitgestaltung habe. Vielmehr sei die ganz normale Arbeitsbelastung von Elementarpädagoginnen vielleicht für hoch motivierte Berufseinsteigerinnen zu stemmen. Aber wenn einmal das erste Feuer vorüber sei, drohe rasch das Burnout.

Eine Analyse und ein typischer Bewältigungsmechanismus, was mir inzwischen viele Kolleginnen und Kollegen bestätigt haben. Auch solche, die schließlich ganz aufgaben und das Betätigungsfeld wechselten.

Ich schaffte es jedenfalls mit meinem jugendlichen Schwung, mir weiterhin Kraft aus kleinen Erfolgserlebnissen zu holen. Unter anderem von dem Jungen, der an meinem ersten Tag in die Zimmerpflanze uriniert hatte. Er konnte noch immer nicht selbstständig die Toilette benutzen, obwohl er es seinem Alter entsprechend längst hätte können müssen. Nach einer Menge weiterer Windeln und nasser Hosen war auch das geschafft.

Was ich mit diesen Beispielen zeigen will: Die Kinder kommen aus den Familien anders bei uns an, als wir in unserer Ausbildung darauf vorbereitet werden. Sie sind anders, als das in der Zeit meiner eigenen Kindheit der Fall war. Die Arbeit mit ihnen ist schwieriger als erwartet, aber sie lohnt sich. Das war mein erstes Zwischenresümee.

Der gefährliche leichte Weg

Nachdem ich einem Jungen erklärt hatte, dass Sessel nicht dafür da sind, durch die Luft geschossen zu werden, und einem anderen, was eine Morddrohung ist und wie sie bei anderen ankommt, begann ich mich zu fragen, ob hier wirklich die Kinder das eigentliche Problem waren. Irgendwo, dachte ich, mussten diese extremen Verhaltensweisen doch ihre Wurzeln haben. Und bei einem Kleinkind ließen sich die möglichen Ursachen relativ gut eingrenzen, weil die Zahl an Menschen, mit denen sie Kontakt haben, von denen sie lernen und von denen sie sich vieles abschauen, doch sehr begrenzt ist.

Rasch landete ich bei den Eltern. Immerhin waren zuallererst sie für die positive Entwicklung ihrer Kinder verantwortlich. Sie hatten ihnen beizubringen, weder andere noch sich selbst zu verletzen. Auch zu letzterem neigten leider einige Kinder in meiner Gruppe. Von den Eltern sollten sie lernen, das Klo zu benutzen, sie hatten ihnen Regeln beizubringen und Grenzen zu setzen. Und sie hatten ihnen ein Gefühl der Sicherheit und des Selbstvertrauens zu geben, aus dem sie auch in ihrer Abwesenheit schöpfen konnten.

Ich stellte bei ihnen eine Art Gegenbewegung zu ihrer eigenen Erziehung fest, die bei den meisten noch eher autoritär gewesen war. Während sie selbst noch strenge Eltern gehabt und darunter tendenziell gelitten hatten, wollten sie nun in der Beziehung mit ihren Kindern die Guten sein. Sie wollen nicht streng sein, sie wollen nicht diskutieren, und sie wollen nicht Nein sagen müssen. Sie wollen sich offen und tolerant zeigen. Und übersahen dabei eine feine, aber wichtige Grenze.

Denn falsche Verhaltensweisen durchgehen zu lassen und nicht darauf zu reagieren, war meiner Ansicht nach pädagogisch weder wertvoll noch sinnvoll. Es konnte auch bedeuten, den leichteren Weg zu wählen, Verantwortung nicht zu übernehmen und die Erziehung der Kinder anderen zu überlassen, dem Kindergarten zum Beispiel und den Schulen.

Irgendjemand muss die Erziehung schließlich übernehmen, dachte ich. Denn genauso, wie sich Erwachsene an Regeln halten müssen, müssen das auch die Kleinsten tun, und das zu erlernen, ist nun einmal ein Prozess. Wenn sie die Zuständigkeit dafür an andere abgaben, um in ihrer eigenen Wahrnehmung perfekte Mütter und Väter zu sein, schadeten sie ihren Kindern in Wirklichkeit mehr, als sie ihnen nutzten.

Unter Druck

Bald erkannte ich, dass dies nur die Spitze eines Eisberges vieler Ursachen war, die zu den dramatischen Fehlentwicklungen unter den Kleinsten führten, und dass es viel zu kurz gegriffen wäre, den Eltern die alleinige Schuld daran zuzuschieben. Denn ich erkannte, dass viele Eltern die Verantwortung für die Erziehung ihrer Kinder nicht der Einfachheit halber an andere abgaben, sondern weil die Art und Weise, wie wir uns als Gesellschaft organisiert haben, und die politischen Rahmenbedingungen, in denen sie sich für Kinder entschieden hatten, ihnen letztendlich keine andere Wahl ließen.

Je mehr mich der tägliche Druck, das Kinderchaos zu bewältigen, selbst belastete, und je mehr ich miterlebte, was der Druck mit älteren Kolleginnen und Kollegen bei gleichzeitiger mangelnder gesellschaftlicher Wertschätzung machte, desto klarer wurde mir: Das Problem ist viel zu groß und viel zu sehr strukturell bedingt, als dass Einzelkämpferinnen und -kämpfer eine Chance haben.

Wir leben in einer Welt, in der sich selbst Durchschnittsverdiener entscheiden müssen, entweder in Vollzeit arbeiten zu gehen oder an der Armutsgrenze zu schrammen, besonders, wenn es sich um Alleinerzieherinnen oder Alleinerzieher handelt. Wir leben in einer Welt, in der die meisten Menschen sich schmerzhaft zwischen existenziellen Sorgen und dem Hintanstellen der Kinder entscheiden müssen. Was tun? Zuallererst bräuchten wir endlich politische Reformen, und dafür lohnt es sich zu kämpfen. Anders werden sich die Probleme, die fast alle Kindergärten gleichermaßen betreffen, nicht lösen. Denn es kommt noch einiges erschwerend dazu: der durch die Inflation ständig wachsende wirtschaftliche Druck auf die Familien, der Einfluss der Digitalisierung, oder auch negative Umwelteinflüsse und eine zunehmend falsche Ernährung mit viel zu vielen hochverarbeiteten Lebensmitteln. Davon war ich bald überzeugt.

Die Gewerkschaft wurde auf mich aufmerksam und stellte mich vor eine schwierige Entscheidung: politisches Engagement für Kinder oder tägliche Arbeit mit Kindern? Ich sah, wie sehr die Kinder helfende Hände brauchten und wie sehr solche Hände an allen Ecken und Enden fehlten.

Wenn ich tatsächlich zwei oder drei Kinder mit aufmerksamer, empathischer Hilfe in ihrem Leben weiterbringen konnte, und sei es auch nur ein kleiner Schritt, war dies vielleicht ein größerer Gewinn als jede politische Brandrede, dachte ich. Andererseits sah ich in anderen Regionen, in Skandinavien zum Beispiel, dass kinderfreundlichere politische Strukturen sehr wohl durchsetzbar sind. Ich begriff, dass eine solche Politik nicht nur zwei oder drei Kindern helfen würde, sondern zehntausenden, hunderttausenden.

Stark für die Schwachen

Lange wog ich ab, doch schließlich entschied ich mich für die politische Ebene, um dort für eine bessere Welt für die Kleinsten sowie für bessere Arbeitsbedingungen für alle Beschäftigten zu kämpfen, denn sie haben sich dies verdient.

In dieser Rolle konnte ich endlich meinen stark ausgeprägten Gerechtigkeitssinn ausleben, der meinen Eltern früher so manches Mal Kopfzerbrechen bereitet hatte. Jetzt war genau das gefragt, jetzt kam es genau darauf an. Darauf, mich für die Schwachen stark zu machen und den Stimmlosen eine Stimme zu geben. Jetzt bewertete das meine Umgebung nicht mehr als frech oder aufmüpfig, sondern als engagiert für die gute Sache. Meine soziale Ader, die meine Eltern früh entdeckt hatten, führte mich auf diese Weise über die Kinder und deren Eltern in die Politik.

Hier stehe ich nun, mit beiden Beinen in einer Organisation, die nach Lösungen sucht, die für die Rechte der Kleinsten und der Beschäftigten in den ersten Bildungseinrichtungen einsteht und für Veränderung kämpft. Und das ist unglaublich schwierig. Denn vor mir bauen sich düstere Szenarien auf, besonders dann, wenn ich mit den Kolleginnen und Kollegen in den Kleinkindgruppen, Kindergärten und Horten spreche. Denn für sie wird das Leben nicht leichter. Der Druck, für Kinder da sein zu müssen, die auf immer vielfachere Weise verhaltensauffällig sind, wird immer größer. Deshalb habe ich mich dazu entschlossen, dieses Tabu tatsächlich zu Fall zu bringen und offen zu zeigen, was vor Ort wirklich passiert: in den Kindergärten, wo die künftigen Generationen ihren Weg durchs Leben beginnen. Die ganze Wahrheit über den Zustand unserer Kinder mag erschreckend und beängstigend sein, aber nur wenn wir hinschauen, haben wir auch die Möglichkeit, etwas für sie zu tun sowie zu verändern – im Sinne aller.

Pädagoginnen schlagen Alarm

In die Kindergärten kommen heute Mädchen und Buben, die zu einem hohen Anteil verhaltensauffällig und entwicklungsverzögert sind und die daheim nicht mehr gelernt haben, Regeln einzuhalten, Grenzen zu akzeptieren, sich alleine zu beschäftigen, etwas Angefangenes zu Ende zu führen, sich gegenseitig zu unterstützen oder sich um andere zu kümmern. Offensichtlich waren die Eltern mit der Erziehung ihrer Kleinkinder überfordert und gaben diese Aufgabe an die Elementarpädagoginnen und Elementarpädagogen ab.

Das hatte mein erster Blick auf das chaotische System namens Kindergarten ergeben. Aus meiner politischen Sicht besteht das Hauptproblem darin, dass die Beschäftigten diese Aufgabe nicht meistern können, selbst wenn sie das wollen. Nicht alle haben eine sonderpädagogische Ausbildung, dazu kommt, dass es insgesamt viel zu wenig pädagogisches Personal in den ersten Bildungseinrichtungen gibt. Denn um all diese Probleme zu managen, müssten auf 25 Kinder mindestens fünf, besser noch acht Elementarpädagoginnen und Elementarpädagogen kommen.

Wenn Pädagoginnen und Pädagogen bis zu 25 Kinder, von denen jedes einzelne auch seine ganz normalen individuellen Bedürfnisse und spezifischen Ansprüche mitbringt, alleine »betreuen« müssen, sind sie chancenlos.

Hier haben wir aber auch schon das nächste Problem, denn der Kindergarten ist keine Betreuungsstätte für die Kleinsten. Er ist die erste Bildungseinrichtung im Leben eines Menschen, wo Mädchen und Buben ganzheitlich gefördert sowie auf die Schule vorbereitet werden. In der Realität des Kindergartenalltags müssen wir auch Regeln aufstellen und »erziehen«. Wir haben es aber zunehmend mit Kindern zu tun, die vor ein bis zwei Jahrzehnten noch alle als »schwer erziehbar« gegolten hätten und deshalb an für sie vorgesehene Sondereinrichtungen übermittelt worden wären.

Dennoch gelingt es uns als Elementarpädagoginnen und Elementarpädagogen nicht, die Dinge einfach schleifen zu lassen und mangels Alternativen nur noch Dienst nach Vorschrift zu machen. Dafür ist die uns übertragene Aufgabe zu wichtig. Die Entwicklung der Kinder liegt uns am Herzen, sonst würden wir diesen oft schlecht bezahlten Job gar nicht machen.

Wir wissen, wie wichtig es gerade in den ersten drei Lebensjahren für Kinder ist, sich gewisse Grundkompetenzen anzueignen und bestimmte Verhaltensweisen zu verinnerlichen. Tun sie das nicht, ziehen sie ein ganzes Leben lang einen Rattenschwanz an Problemen hinter sich her.

Wenn sie den Kindergarten verlassen und in die Volksschule eintreten, müssen bei ihnen ganz »normale« menschliche Grundkompetenzen bereits angelegt sein, damit die Lehrkräfte darauf aufbauen können. Sind sie das nicht, haben die Lehrerinnen und Lehrer noch viel schlechtere Chancen, etwas nachzuholen, als wir Elementarpädagoginnen und Elementarpädagogen. Es geht entweder gar nicht oder es ist so zeitintensiv, dass sie dann erst recht überfordert sind. Gerade in einer Welt, die immer schnelllebiger wird, haben Volksschullehrerinnen und Volksschullehrer keine Zeit, Kindern zu zeigen, wie ihre Gliedmaßen funktionieren, wie sie eine Toilette benutzen oder wie sie Schuhbänder binden.

No Future?

Die hauptsächliche Aufgabe der Lehrkräfte ist es vielmehr, dem Lehrplan zu folgen und Grundkompetenzen im Lesen, Schreiben und Rechnen zu vermitteln. Wenn Kinder schon bei diesem Stoff nicht mitkommen, aus Unfähigkeit, sich länger als zwei Minuten auf etwas zu konzentrieren, aus Verweigerung von allem, das sie nicht kennen oder aus einem wie auch immer gearteten inneren Leidensdruck heraus, wird es sehr schwierig.

Wenn dann keine intensive Unterstützung seitens der Eltern kommt, scheitern die schulischen Laufbahnen dieser Kinder, noch ehe sie richtig begonnen haben. Vielleicht schummeln sie sich durch die Grundschule noch irgendwie durch, aber spätestens dann häufen sich auch die schulischen Probleme und die oft damit verbundenen schlechten Noten. Selbst wenn sie über Talente verfügen, und das tun alle Kinder, haben sie keine Chance, sie während ihrer schulischen Laufbahn zu erkennen, zu entwickeln und hinterher in ihrem Berufsleben darauf aufzubauen. Anders ausgedrückt: Wenn die Eltern und das Bildungssystem hinschauen, die Probleme mit den neuen Generationen von Kindern erkennen sowie akzeptieren und sich gemeinsam mit den Elementarpädagoginnen und Elementarpädagogen und mit allen zur Verfügung stehenden Mitteln in dieser Schlüsselphase des Lebens für die Kinder einsetzen, lässt sich manches vielleicht noch verbessern. Wenn nicht, dann stranden diese Generationen im Leben, ehe die Reise ihres Lebens richtig begonnen hat. Das hat Folgen und wir alle bekommen in zehn oder spätestens zwanzig Jahren die Rechnung für unsere Untätigkeit präsentiert.

Denn diese Kinder haben später weder die Möglichkeit, ein Gymnasium zu besuchen, noch eine Lehre zu beginnen. Selbst wenn sie die Auswahlprozesse dafür meistern würden, wäre es mehr als fraglich, ob sie die Ausbildung dann erfolgreich abschließen könnten. Viel wahrscheinlicher wäre es, dass es ihnen dafür an Biss mangelt. Die meisten von ihnen würden in den Abwärtsstrudel negativer Rückmeldungen kommen und am Ende lieber arbeitslos daheimbleiben und an ihren Handys hängen, um mit dieser Welt nichts zu tun haben zu müssen.

Für Jobs kämen sie nicht mehr infrage, selbst wenn sie sich für einen interessieren würden. Die gleichen

Verhaltensmuster, die sie in der Schule scheitern ließen, würden sie auch im Berufsleben scheitern lassen. Nach einigen kläglichen Versuchen wäre es dann wohl auch vorbei mit dieser Laufbahn für sie.

Die Horde der Einzelgänger

Was für eine Gesellschaft entsteht, wenn solche Kinder erwachsen werden? Wer das Elementarpädagoginnen und -pädagogen fragt, bekommt eine Antwort, die perspektivisch verzerrt sein mag, die sich wie eine Dystopie anhört und zu der doch sehr viele dieses Berufsstandes kommen, egal ob sie in Brennpunktkindergärten oder in bürgerlichen Gegenden arbeiten, in denen die Welt auf den ersten Blick noch heil zu sein scheint. Es ist fraglich, wie lange die Gesellschaft, wie wir sie heute kennen, noch besteht. Wenn es weitergeht wie bisher, kann sie nur zerfallen. Denn in den Kindergärten können wir schon jetzt sehen, dass sich die Bevölkerung weg von einer solidarischen Gemeinschaft hin zu einer Horde engstirniger und egoistischer Einzelgänger verwandelt. Mit dem Heranwachsen dieser problematischen Kinder wird sie früher oder später nur noch aus Menschen bestehen, die ausschließlich auf sich selbst bezogen sind, die keine Bildung genießen durften und die ihr Leben einfach nicht in den Griff bekommen. Wer sich darauf verlässt, dass diese Kinder eines Tages in der Lage sind, die heutigen Generationen der Steuerzahler und Steuerzahlerinnen mit ihrer volkswirtschaftlichen Gesamtleistung zu versorgen, ist deshalb schlecht beraten. Sie werden weder Lust dazu haben, noch dazu in der Lage sein.

Was ist, wenn eine heute gesunde Frau in dreißig Jahren auf eine Pflegekraft angewiesen ist? Ohne die nötige Ausbildung können gewisse Jobs nicht mehr besetzt werden, außer es läuft darauf hinaus, dass unqualifizierte Menschen die Arbeit übernehmen. Dann kann ein jeder nur noch hoffen, bis ins hohe Alter keine gesundheitlichen Probleme zu haben oder früh zu sterben.

Die ersten Lebensjahre sind ausschlaggebend für die Entwicklung. Nicht nur für die Entwicklung des Einzelnen, sondern für die der gesamten Nation. Diese Kinder sind keine Versuchsobjekte, sondern die Stützen der Gesellschaft. Und diese bröckeln derzeit gewaltig. Wenn das nicht bald ernst genommen und richtig gefördert wird, ist es vielleicht schon bald zu spät. Deshalb muss sich etwas ändern. Und zwar in den Köpfen der Eltern, in den Bildungseinrichtungen der Kinder und vor allem in den Institutionen der Politik.

Kapitel 2

Was Kinder brauchen

Um zu verstehen, was hier eigentlich schiefläuft und was wir dagegen machen können, schauen wir uns zunächst einmal an, was Kinder eigentlich für eine gesunde und geglückte Entwicklung brauchen. Sie brauchen zuallererst ihre Eltern, sie brauchen andere Kinder, sie brauchen eine Gemeinschaft – das sprichwörtliche Dorf. Und sie brauchen eines ganz sicher nicht: leuchtende Bildschirme und Handys im Dauereinsatz. Das stresst sie nämlich noch mehr als uns.

Aber alles der Reihe nach. Beginnen wir mit dem Moment, in dem ein Kind das Licht der Welt erblickt und noch nichts ahnt von all den Problemen, die wir hier ansprechen.

1. Kinder brauchen ihre Eltern

Babys sind sozial. Sie strahlen uns an, wenn wir sie anlachen oder Grimassen machen. Sie drehen ihren Kopf weg oder gähnen, wenn es ihnen zu viel wird und sie lieber ihre Ruhe haben wollen. Schon Säuglinge interagieren also mit anderen Menschen und übermitteln mit diesen subtilen Zeichen erste Emotionen. Allerdings scheint es in dieser frühen Phase noch nicht von Bedeutung zu sein, ob sie vom Vater bespaßt, von der Oma gefüttert oder von einem oder einer Fremden in den Schlaf gesungen werden. Zumindest haben sie zu diesem Zeitpunkt noch keine eindeutigen Präferenzen und zeigen oft wenig Reaktion, wenn sie von den Eltern getrennt werden.

Das ändert sich spätestens in der Phase des »Fremdelns« mit circa acht Monaten, in der sie sich stark auf eine Bezugsperson fixieren. Jetzt können sie ihre Mama eindeutig von einer ihnen unbekannten Frau unterscheiden und machen klar ersichtlich, dass sie mit ihrem Verschwinden ein Problem haben. Diese primäre Bindung, die in vielen Fällen zur Mutter aufgebaut wird, ist zum einen entscheidend für die Bildung des Urvertrauens und zum anderen ist sie von enormer Wichtigkeit für die Entwicklung emotional-sozialer Kompetenzen. So lassen sich bei Kindern, die eine sichere erste Beziehung erfahren durften, ein angenehmeres Sozialverhalten, eine gesteigerte Aufmerksamkeitsspanne und ein aufgeschlosseneres Auftreten beobachten. Zusätzlich entwickeln sie ein größeres Selbstwertgefühl, leiden seltener an Depressionen und verhalten sich auch sonst psychologisch unauffälliger. Zumindest zeigen Studien aus verschiedenen Ländern, dass Kleinkinder, die ausschließlich in der Obhut ihrer Mutter aufwachsen, später ein niedrigeres Aggressionspotential aufweisen als jene, die schon ab einem frühen Zeitpunkt viele Stunden täglich fremdbetreut werden. Außerdem konnten bei diesen Kindern geringere Cortisolwerte gemessen werden. Sie sind also nachweislich weniger gestresst.

Zeit statt Geschenke

Da es für viele Eltern allerdings keine Option darstellt, mehrere Jahre daheim zu bleiben, um ihr Kind Vollzeit zu betreuen, beschränkt sich die Familienzeit häufig ausschließlich aufs Wochenende. In diesem Fall ist es dann umso wichtiger, dass diese Tage möglichst bewusst und intensiv genutzt werden. Ganz nach dem Motto: Qualität vor Quantität. Dabei geht es nicht um teure Geschenke oder exorbitante Ausflüge, sondern schlichtweg um die Zuwendung und die wirklich ungeteilte Aufmerksamkeit, die wir den Kindern entgegenbringen. Denn es macht einen Unterschied, ob ich dem Kind ein Hörbuch einschalte oder mich mit einem Buch zu ihm ans Bett setze und ihm die Geschichte vorlese. Ob ich es alleine in den Garten schicke oder zusammen mit ihm in den Park gehe und Kastanien sammele. Oder ob ich ihm auf dem Weg von der Arbeit einen Kuchen kaufe oder ihn zusammen mit ihm backe.

Gerade bei der gemeinsamen Zubereitung des Essens werden viele ihrer Sinne angesprochen und sie werden in allerlei Bereichen geschult. Da müssen zunächst Zutaten abgewogen und verknetet werden, der klebrige Teig muss von den Fingern gekratzt und in der Form verteilt werden. Und dann muss geduldig gewartet werden, um schließlich mit Fingerspitzengefühl die letzte Kirsche auf die Schlagobershaube zu setzen. Und selbst wenn der Kuchen am Ende nicht so gut schmeckt wie die Torte aus der nächsten Bäckerei, hat das Kind mindestens doppelt so viel davon.

Ruhe statt Reizüberflutung

Auch wenn es verlockend und in den meisten Fällen sicherlich nur gut gemeint ist, soll die Freizeit nicht von Anfang bis Ende durchgetaktet sein. Es ist genauso wichtig, den Kindern bewusste Phasen der Ruhe zu ermöglichen. Ansonsten kann erstens das Erlebte nicht verarbeitet werden und zweitens gewöhnen sich Kinder bald an dieses Maß an Aufregung und Animation, weshalb sie es dann irgendwann ständig benötigen. Für die meisten Fünfjährigen ist es mittlerweile zur Normalität geworden, am Dienstag beispielsweise zum Fußball zu gehen, am Mittwoch die Musikstunde zu besuchen und am Donnerstag in der Theaterprobe präsent zu sein. Doch so eine zugepflasterte Woche ist nicht nur körperlich anstrengend, sondern kann außerdem eine ähnliche Reizüberflutung wie die übermäßige Benutzung eines Handys auslösen. Kinder brauchen neben ihren Eltern vor allem auch Phasen der Ruhe. Für Spaß und Action sorgen sie im Normalfall auch selbst.

2. Kinder brauchen Kinder(gärten)

Ab dem ersten Geburtstag kann der Kreis der Bezugspersonen allmählich erweitert werden. Kleinkinder entwickeln zu anderen Menschen wie den Großeltern ebenfalls intensive Beziehungen und sammeln besondere Erinnerungen. Aber sie werden für sie niemals den gleichen Stellenwert einnehmen wie die primäre Bindungsperson, die die Spitze der Bindungspyramide bildet. Sie ist weiterhin der Mensch, der dem Kind den meisten Komfort bietet und bei dem es sich sicher genug fühlt, um verschiedene Gefühlsregungen wie Wut, Trauer oder Angst zu zeigen. Viele Eltern kennen das: Bei Oma und Opa oder bei Freundinnen und Freunden ist das Kind ganz ruhig und umgänglich, zuhause bei Mama und Papa wird es quengelig und weint mehr. Das liegt daran, dass es sich hier sicher genug fühlt, sich entspannt und zeigen kann, wie es ihm gerade geht. Und negative Emotionen gehören nun einmal ganz natürlich zu unserem Leben dazu. Da müssen alle Eltern durch.

Im Alter von zwei Jahren fangen Kinder langsam an, das eigene Ich zu entdecken, sind dabei aber noch vollkommen auf sich selbst und ihre individuellen Emotionen fokussiert. Außerdem startet in dieser Phase die Entwicklung der sprachlichen Kompetenz, weshalb Gefühle nun auch verbal übermittelt werden können. Zeitgleich beginnt das Kind erstmals, sich eine eigene Meinung zu bilden und diese auch zu vertreten, was den ersten Schritt in der Selbstständigkeitsentwicklung darstellt. Statt von der Trotzphase sprechen wir in der Pädagogik heute von der Autonomiephase, um zu zeigen, dass wir das neu erwachte kindliche Machtbestreben nicht negativ bewerten sollen. Wir alle brauchen schließlich Autonomie, um selbstbewusst und stark durchs Leben gehen zu können. Entscheidend ist, wie wir als Erwachsene mit der Rebellion der Kleinen umgehen: Geben wir dem Kind Freiraum zur Gestaltung und zeigen ihm trotzdem Grenzen auf?

Erst ab circa dem dritten Lebensjahr werden Gleichaltrige dann so richtig interessant. Davor wird, auch wenn die Möglichkeit besteht, selten miteinander, sondern eher nebeneinander gespielt. Ab diesem Zeitraum können auch die ersten Freundschaften entstehen, die manchmal nur für die Dauer eines Spiels, manchmal über mehrere Jahre anhalten. Und obwohl diese freundschaftlichen Beziehungen meist nicht das ganze Leben lang bestehen, prägen sie es nachhaltig.

Streiten lernen

Denn in dieser Zeit fangen Kinder an, zwischen ihren eigenen und den Gefühlen anderer zu differenzieren, die Emotionen anderer zu erkennen, sich in sie hineinzuversetzen und wenn nötig uneigennützig zu handeln. In dieser ersten eigenständigen Abgrenzung von einer erwachsenen Bezugsperson erleben sie Misserfolge, Enttäuschungen und Konflikte. Aber vor allem lernen sie, wie diese Situationen gehandhabt werden und Streitigkeiten wieder gelöst werden können. Denn auch Streiten will gelernt sein! Wenn das nicht der Fall ist, werden Spielzeuge ungefragt entrissen, die Zähne in anderen Kinderarmen vergraben oder es wird scheinbar grundlos auf Betreuungspersonen losgegangen. Im Gegensatz dazu zeugen Kinder, die freundschaftliche Beziehungen pflegen, von einem hohen Maß an Altruismus, Optimismus, Mut und moralischem Verständnis.

Und auch sonst kann die kindliche Entwicklung grundsätzlich von einem Umfeld, wie es im Kindergarten gegeben ist, profitieren. Einen wichtigen Punkt bildet dabei die Bewegung, die ansonsten heutzutage bei vielen Kindern zu kurz kommt. Denn abgesehen davon, dass ausreichend sportliche Betätigung Übergewicht und den damit einhergehenden Krankheiten entgegenwirkt, entwickeln sich regelmäßig Sport treibende Kinder nicht nur in Hinblick auf die motorischen Fähigkeiten besser als jene, die die meiste Zeit auf der Couch verbringen. Auch die sozial-emotionalen Kompetenzen profitieren davon, wenn auch nur in geringem Ausmaß.

Der weitaus größte Unterschied lässt sich auf kognitiver Ebene feststellen. Denn sowohl beim Erstlesen,

Rechnen und Schreiben als auch bei der Sprachentwicklung erzielen aktive Kinder in der Regel höhere Werte. Bei Tierversuchen konnte sogar nachgewiesen werden, dass aktivere Ratten mehr Nerven im Gehirn bilden als ihre faulen Freunde.

Der Faktor Zeit

Andere Kinder, das gemeinsame Spiel, das Streiten-Lernen und die tägliche Bewegung tun Kindern also gut. Heutzutage besuchen bei uns fast alle Kinder ab drei Jahren den Kindergarten, viele schon weitaus früher. Was ist also der Grund dafür, dass trotzdem immer mehr Kinder besorgniserregende Verhaltensauffälligkeiten zeigen?

Weil Gleichaltrige und eine Turnhalle nun einmal nicht ausreichen, um den Kindern die Umgebung für eine optimale Entwicklung zu schaffen. Es müssen noch ganz andere Faktoren erfüllt werden und dabei mangelt es in den meisten Bildungseinrichtungen an einer Sache ganz besonders – dem Faktor Zeit.

Das beginnt schon in der Eingewöhnungsphase, die bei jedem Kind unterschiedlich lange dauert und im Maße der Intensität variiert. Viele Eltern können es sich schlichtweg nicht leisten, jeden Tag über Wochen hinweg mehrere Stunden im Kindergarten zu verbringen und auch von Seiten der Elementarpädagoginnen und Elementarpädagogen ist es nicht möglich, sich über einen vorher nicht einschätzbaren Zeitraum ausschließlich auf die Bedürfnisse eines einzelnen Kindes zu fokussieren. Schließlich gibt es genug andere Kinder, deren Bedürfnisse ebenfalls nicht vernachlässigt werden dürfen. Selbst wenn diese kritische Phase erfolgreich gemeistert wird, benötigen gerade die Kleinsten viel emotionale Fürsorge und intensive Eins-zu-eins-Betreuung.

Doch bei einer Gruppe, in der auf 25 Kinder lediglich eine Pädagogin oder ein Pädagoge kommt, fallen die Jüngsten schnell durch das Raster. Die Kinder reagieren, indem sie sich entweder zurückziehen oder umso mehr um unsere Aufmerksamkeit buhlen.

Ohne sichere Bindung

Wir wissen eigentlich genau, was Kinder für eine gesunde mentale und körperliche Entwicklung bräuchten. Dazu gibt es zahlreiche Studien und das sagt uns auch unser gesunder Menschenverstand. Aber Theorie und Realität sind leider weit voneinander entfernt. Kleine Kinder bräuchten von Anfang an eine stabile Bindung zu einer Fachkraft, was allerdings nahezu unmöglich ist, wenn diese sich um viele Kinder gleichzeitig kümmern muss. Außerdem sind in den Kindergärten oft Teilzeitstellen belegt. Eine Bezugsperson, zu der ein kleines Kind vielleicht gerade eine Beziehung aufbaut, ist nicht immer da. Die häufigen Wechsel im

Personal und das resultierende Fehlen einer permanenten, sicheren Bindung erschweren den Kleinen eine altersgemäße Entwicklung enorm.

Idealerweise sollte auf jedes Kind möglichst individuell eingegangen werden, um es anschließend mit abwechslungsreichem Programm optimal zu fordern und zu fördern. Dazu kommt noch die Bürokratie: Pädagoginnen und Pädagogen sollen die Veränderungen und Entwicklungen eines jeden Kindes ausführlich schriftlich dokumentieren. Sie müssen also auch noch unglaublich viel Zeit und Energie in Dokumentation und Reflexion investieren, wo es doch ohnehin schon an allen Ecken und Enden an Zeit fehlt.

Abschließend sollte regelmäßiger Kontakt mit den Eltern gepflegt werden und eine offene Kommunikation zu ihnen bestehen, um etwaige Baustellen besprechen und konkrete Lösungswege erarbeiten zu können. Dieses Unterfangen erweist sich vor allem dann als herausfordernd, wenn sich Eltern uneinsichtig zeigen, die Schuld auf den Kindergarten abwälzen oder das Problem schlichtweg ignorieren. Oftmals fühlen sie sich in ihrer Rolle als Eltern verletzt oder gar beschuldigt, dabei vergessen sie leider oft, dass der Kindergarten immer familienergänzend, niemals familienersetzend agiert und immer zum Wohle des Kindes!

3. Kinder brauchen ein Dorf

Kein lustiger Großonkel, keine fürsorgliche Oma und auch nicht der nette Junge von nebenan können die Liebe der Eltern ersetzen. Allerdings können sie ebenfalls zu einer engen Bezugsperson werden, den Kindern neuen Input geben und die Eltern entlasten. Letzteres wirkt sich nicht nur positiv auf die Psyche der Erwachsenen aus, sondern auch auf das Wohlbefinden der Kleinen, auf die sich der Stress der Eltern nicht selten überträgt.

Es tut Kindern gut, in einer Gemeinschaft aufzuwachsen. Jeder kennt wohl das vielzitierte afrikanische Sprichwort: »Um ein Kind aufzuziehen, braucht es ein ganzes Dorf.«

Aber natürlich können viele das Leben in der Stadt nicht einfach so hinter sich lassen. Wer sich nach Gemeinschaft, Freundschaft und Unterstützung sehnt, könnte ein kleines Dorf mitten in der Stadt gründen – ein Mehrgenerationenhaus. Ein Haus, eine Familie, aber unzählige Vorteile. Die älteste Generation übernimmt während der Arbeitszeit die Kinderbetreuung, geht mit ihnen in die Natur oder klärt sie über bekannte Brauchtümer auf.

Und die Kleinen sind der Grund, warum sich Oma auf einmal wieder jung und vital fühlt. Währenddessen können die Eltern ohne Sorge und schlechtes Gewissen ihrer Arbeit nachgehen, ihre Karriere verfolgen und den Kühlschrank füllen. Und wenn am Abend alle zum Essen zusammenkommen, tauschen sie sich am Tisch über den Tag aus, erzählen sich die witzigsten Erlebnisse und spielen vielleicht sogar noch eine Runde Mensch-ärgere-dich-nicht. Einen Grund zum Ärgern gibt es für Menschen, die in einer solchen Wohngemeinschaft leben, wirklich nicht. Stress wird von der Gemeinschaft absorbiert.

Natürlich leben in der Realität viele Familien in ganz anderen Konstellationen. Viele haben keine Großeltern oder andere Verwandte in der Nähe, die sie unterstützen könnten.

Wald und Wiese

Mit dem sprichwörtlichen Dorf ist also nicht unbedingt ein geografischer, sondern vielmehr ein emotionaler Raum gemeint, in dem es viel Platz fürs Aufeinander-Aufpassen und das gegenseitige Helfen gibt.

Nichtsdestotrotz bietet ein Dorf, wie es im Buche steht, weitere Vorteile für die kindliche Entwicklung. Dort kennt jeder jeden und man hilft sich gegenseitig, wohingegen sich die Menschen in einem Wohnblock in der Wiener Innenstadt wohl bestenfalls schief anschauen, wenn sie sich im Lift zufällig begegnen. Außerdem herrscht in einem Dorf viel mehr Ruhe und ein Kind ist dort weit weniger gefährdet, aufgrund von animierten Werbewänden oder einem erhöhten

Lärmpegel durch vorbeirasende Autos einer Reizüberflutung ausgesetzt zu sein. Zusätzlich sind Kinder dort körperlich aktiver, immerhin können sie durch Wälder flitzen, anstatt sich zwischen Mopeds durchschlängeln zu müssen. Diese Nähe zur Natur wirkt sich auch positiv auf ein gesundes Essverhalten aus. Denn wer einen Acker neben der eigenen Haustür hat, weiß, woher die Erdäpfeln kommen und ist nicht der Meinung, dass Pommes ein eigenes Gemüse sind. Und wer neben einem Stall aufwächst, war vielleicht sogar schon einmal bei der Geburt eines Kalbes dabei und kennt nicht nur die lila Kuh auf der Verpackung der Schokoladen-Tafel.

4. Kinder brauchen kein Handy

Wo früher ausgeglichene Kinder durch den Garten tollten, wo aus Stöcken Puppen gebastelt und aus Polstern Burgen gebaut wurden, wo Fantasie noch einen Platz hatte und freundschaftliches Teilen zur Tagesordnung gehörte, sitzen heute kleine füllige Monster, die sich, in ihr Handy vertieft, den nächsten Schokoriegel in den Mund schieben. Was sie essen, ist ihnen dabei gleichgültig, Hauptsache, der Kaumuskel ist beschäftigt, und zwar am besten dauerhaft. Fixe Mahlzeiten und zu warten, bis das Hungergefühl einsetzt, sind den meisten Kindern mittlerweile fremd. Zu häufig haben sie vor dem Fernseher im Wohnzimmer oder dem Laptop der Eltern gegessen. Genuss und Gesundheit sind zu Nebensachen mutiert.

Doch nicht nur ein bewusstes Essverhalten leidet unter der übermäßigen Nutzung technischer Geräte.

Wenn ein Kind viel Zeit vor Bildschirmen verbringt, fehlt die natürliche menschliche Interaktion. Das kann dazu führen, dass bereits ein Vierjähriger noch Schwierigkeiten beim Bilden eines einfachen Satzes zeigt oder nicht weiß, wie er sich der Situation angemessen mitteilen kann.

Immerhin muss ein Kind ein Wort mindestens hundert Mal gehört haben, um es sich zu merken und anschließend bewusst einsetzen zu können. Zusätzlich konnte ein Forscherteam rund um den Hirnforscher John Hutton nachweisen, wie negativ sich ein hoher Medienkonsum auf die Bildung der weißen Gehirnsubstanz auswirkt, die eine entscheidende Rolle für die Sprachentwicklung und die Ausbildung der Schreibfähigkeit spielt.

Vielleicht kennen Sie Gespräche mit derart sprachlich unterentwickelten Kindern. Auf eher anspruchslose Fragen wie »Was habt ihr am Wochenende gemacht?« folgt nur ein teilnahmsloses Schulterzucken oder ein kurzes »Oma«.

Das Konstruieren eines einfachen, vollständigen Satzes scheint bei ihnen mit größter Anstrengung verbunden zu sein oder gar ein Ding der Unmöglichkeit. Wen wundert es? Bis zum Eintritt in den Kindergarten wurden sie den ganzen Tag durch Bildschirme von außen berieselt. Energie für etwas aufzuwenden, das sie bis jetzt nicht benötigt haben, sehen manche Kinder verständlicherweise nicht ein.

Ohne Worte

Damit Sprache und andere Fähigkeiten des Gehirns funktionieren, müssen wir sie ein Leben lang praktizieren. Dazu passt der englische Spruch: »Use it or lose it.« Benutze es, oder du wirst es verlieren. Diese Kinder haben »es«, nämlich eine normale sprachliche Ausdruckskraft, nie gehabt. Mit fatalen Folgen: Sie werden den ungewohnten und unbehaglichen Situationen in Zukunft lieber so lange ausweichen, bis sie irgendwann komplett isoliert sind.

Sie scheinen von Bildschirmen erzogen worden zu sein, Menschen werden ihnen fremd. Im Kindergarten beobachten wir solche Kinder häufig dabei, wie sie bei einfachen feinmotorischen Aufgaben wie dem Auffädeln einer Perlenkette an ihre Grenzen geraten und dabei völlig verzweifeln. Weiters haben sie oft eine gestörte Körperwahrnehmung und eine geschmälerte sportliche Leistungsfähigkeit. Schließlich wurde die wertvolle Zeit, die gesunde Kinder in der Natur oder auf dem Spielplatz verbringen, um dort motorische Fähigkeiten zu schulen oder sich körperlich zu verausgaben, damit vergeudet, in ein leuchtendes Gerät zu starren.

Neben diesen physischen und kognitiven Auswirkungen fällt auch auf, dass Kinder, die viel Zeit vor einem Bildschirm verbringen, häufig Probleme mit dem Ein- oder Durchschlafen haben. Grund dafür ist das blaue Licht, das kurzwellig ist und damit energiereicher. Im Gehirn behindert es die Melatonin-Ausschüttung und somit das Einsetzen eines natürlichen Müdigkeitsgefühls. Und wer in der Nacht nicht schläft, ist bereits um zehn am Vormittag müde. Wir haben es also in den Kindergärten zunehmend mit völlig übermüdeten Kindern zu tun, mit denen nicht viel anzufangen ist und die stärker zu Stimmungsschwankungen neigen.

Der grenzenlose, massive Medienkonsum bringt noch weitere Probleme. Die ungefilterte Informationsflut, die nur in den seltensten Fällen zusammen mit den Eltern aufgearbeitet oder überhaupt von ihnen bemerkt wird, führt dazu, dass unliebsame Verhaltensweisen entwickelt oder noch verstärkt werden.

Immerhin lernen Kinder zu einem großen Teil durch das Nachahmen. Wenn in diesen prägenden Jahren häufig kriegerische oder gewalttätige Darstellungen im Alltag des Kindes auftreten, muss davon ausgegangen werden, dass diese in den Köpfen hängenbleiben.

In den meisten Fällen verarbeiten sie diese Szenen zunächst einmal künstlerisch und malen plötzlich Bilder von Kriegsschauplätzen oder blutüberströmten Soldaten. Und irgendwann wird das Gesehene nachgespielt und die aggressiven Handlungen verinnerlicht, bis sie schließlich in kritischen Situationen zum Vorschein kommen. Oft erleben wir, wie aufeinander eingeprügelt wird, bis ein Kind weint. Wir schreiten ein und entfernen das aggressive Kind aus der Situation.

Warum Simon schreit

Und als wäre das nicht schon genug, entwickeln viele mediengeschädigte Kinder den sogenannten Pseudo-Autismus: Durch zu viel Zeit mit einem technischen Medium zeigen sie Symptome, die einer Autismus-Spektrum-Störung ähnlich sind. Diese Kinder können sich nur schwer auf neue Umgebungen, unbekannte Situationen oder gar auf eine fremde Bezugsperson einstellen und haben Probleme im Umgang mit Gleichaltrigen, da sie aufgrund der langen Bildschirmzeit schlecht oder gar nicht mit anderen Menschen interagieren können. Diese verzögerte Sozialisierung geht mit einem geringen Maß an emotionaler Kontrolle und Selbstbeherrschung einher, was dazu führt, dass bei diesen Kindern ein kleiner Zwischenfall nicht selten in einem gewaltigen Wutausbruch oder einem unverhältnismäßigen Heulanfall gipfelt.

Simon ist ein solches Kind. Mit seinen blonden Locken, den strahlend blauen Augen und einem verschmitzten Lächeln schaut er aus, als wäre er einem von Michelangelos Fresken entsprungen. Doch sein Wesen könnte zu seinem engelsgleichen Aussehen keinen krasseren Gegensatz bilden. Simon kommt zum Beispiel eines schönen Tages in die Gruppe, setzt sich gut gelaunt in die Bauecke und fängt zufrieden an, mit den Holzbausteinen zu spielen. Ein paar andere Kinder halten sich schon etwas länger dort auf und sind mit dem Bau eines Schlosses beschäftigt. Nach einiger Zeit bemerkt Simon, dass er für sein Projekt nicht mehr genug Bausteine hat und bedient sich kurzerhand bei den Bausteinen der anderen.

Als sich die Kinder daraufhin wehren, kippt die Stimmung. Simon fängt an zu schreien und schlägt mit den Bausteinen unerlässlich auf die Köpfe der ohnehin schon verängstigten und bereits weinenden Gleichaltrigen ein.

Jeder Beruhigungsversuch ist erfolglos. Und selbst in den Armen der Pädagogin schlägt er weiter um sich, schreit wie am Spieß und probiert mit aller Kraft, den festen Griff zu lösen. Was von außen als brutale Situation wahrgenommen werden würde, ist jetzt schlichtweg nötig, um das körperliche Wohl aller Beteiligten zu wahren. Erst nach einiger Zeit kann er sich wieder beruhigen und ist bereit, zurück zur Gruppe zu gehen.

Und auch sonst tun sich Kinder immer schwerer damit, negative Gefühle wie Frustration auszuhalten. Denn auch unter dem erhöhten Medienkonsum der Eltern leidet die Kommunikation mit dem Kind. Wenn die Eltern hingegen ihre Emotionen zulassen und kommunizieren würden, dass es ihnen auch manchmal nicht so gut geht oder dass sie sich heute in der Arbeit geärgert haben, wüssten viel mehr Kinder, mit ihren negativen Gefühlen umzugehen, und es würden viel weniger Spielfiguren von enttäuschten Dreijährigen durch die Gegend fliegen.

Gelangweilte Gesichter

Am nervenaufreibendsten im erzieherischen Alltag ist jedoch die nicht vorhandene Aufmerksamkeitsspanne. Denn wer schon in jungen Jahren lange vor einem flimmernden Bildschirm mit hektischen Bewegungen, knalligen Farben und aufregender Musik abgestellt wird, kann im Alltag nur schwer stillsitzen, ist schnell gelangweilt und hat Schwierigkeiten damit, sich alleine zu beschäftigen.

Eine Situation aus einem Kindergarten am Rande Wiens verdeutlicht, dass es für Kinder immer schwieriger wird, Interesse für etwas anderes als ein Tablet zu zeigen und ihre ungeteilte Aufmerksamkeit länger als ein paar Minuten auf etwas anderes als ein Handy zu richten.

Es ist November und wie in jedem Jahr um diese Zeit wurden auch heuer wieder die Räume verdunkelt, Kostüme angezogen und sich ein letztes Mal geräuspert. Bis schließlich eine Stimme aus dem Hintergrund die angespannte Stille bricht und zu erzählen beginnt: »Es war einmal …« So oder so ähnlich wird hier seit Jahren die Legende vom gutherzigen Heiligen Martin aufgeführt. Vor wenigen Jahrzehnten waren in solch einer Situation 25 erwartungsvolle Augenpaare auf das Spektakel gerichtet und aufgeregtes Murmeln durchströmte den Raum. Doch heute reicht das schon lange nicht mehr aus – die Kinder sind mittlerweile mehr gewöhnt. Wenn die Beschäftigung keine bunten Bilder, laute Töne, schnelle Bewegungen und aufregende Effekte beinhaltet, können die Erwachsenen froh sein, wenn sie mit müden Augen und gelangweilten Gesichtern betrachtet werden. Den Zauber, den früher ein selbst geprobtes und aufgeführtes Theaterstück im Kindergarten auslöste, gibt es nicht mehr.

Kinder auf Entzug

Heute werden Kinder oft von morgens bis abends bespaßt. Dabei ist auch Langeweile essenziell für eine normale Entwicklung. Vielleicht kennen Sie es: Wenn man sich ein wenig langweilt, kommen einem oft die besten Ideen, auf die man in der Hektik des Alltags wohl nie gekommen wäre.

Diese angenehme und kreative Langeweile können viele Kinder und auch immer weniger Erwachsene aushalten. Deshalb werden sie ziemlich schnell ein Handy oder Tablet in den Händen halten. Denn ein gelangweiltes Kind ist anstrengend und will beschäftigt werden.

Dabei wäre es für die Kinder so förderlich, eine eigenständige Lösung für ihre Langeweile zu finden! Wenn von den Kindern der leiseste Anflug von Langeweile allerdings direkt mit noch mehr Medienzeit verbunden ist, kann das im Kindergarten zu einem großen Problem werden.

Denn dort bekommen sie natürlich kein Tablet und es gibt auch keinen Fernseher. Also schreien sie, und zwar, wenn nötig, den ganzen Tag. Wer jetzt an einen Suchtkranken denkt, liegt gar nicht so weit entfernt, denn diese Kinder befinden sich schlichtweg auf Entzug.

Werden diese Kinder mit ein paar Würfeln allein gelassen, ist die Wahrscheinlichkeit groß, dass sie, sobald wir ihnen den Rücken zuwenden, schon zum nächsten in Greifweite liegenden Konstruktionsspiel übergegangen sind. Und falls dort Probleme auftreten oder sich die Aufgabe als unerwartet schwierig erweist, wird so lange auf die Schulter der Pädagogin oder des Pädagogen getippt, bis er oder sie sich dem Kind irgendwann mit einem genervten »Was ist denn nun schon wieder?« zuwendet. Die Kinder haben die

Fähigkeit des natürlichen, konzentrierten und faszinierten Spiels verloren. Und wer sich schon als Kleinkind nicht konzentrieren kann, wird in der Schule große Schwierigkeiten haben.

Handys als Babysitter

Diese ganzen Faktoren machen es für uns im Kindergarten fast unmöglich, eine angenehme Gruppendynamik zu erzeugen.

Wo noch vor einigen Jahren Kinder miteinander gespielt und voneinander gelernt, wo sie sich gestritten, aber auch wieder versöhnt, und wo sie individuelle Hürden überwunden haben, um das Gemeinwohl zu fördern, findet man heute einen zusammengewürfelten Haufen vor, dessen einzelne Teile völlig inkompatibel sind. Alle fordern zeitgleich etwas anderes und haben unterschiedlichste Bedürfnisse, die unmöglich von nur einer Person bedient werden können.

Übermäßiger Medienkonsum wirkt sich also auf mehreren Ebenen nachweislich negativ auf die frühkindliche Entwicklung aus. Deshalb empfehlen Expertinnen und Experten für ein fünfjähriges Kind den Richtwert von maximal einer halben Stunde Bildschirmzeit pro Tag. Manche gehen sogar noch einen Schritt weiter und raten in dieser prägenden Lebensetappe komplett davon ab. Heute sind diese dreißig Minuten in den meisten Familien wohl eher Wunschvorstellung als Realität, obwohl man besser denn je um das damit einhergehende Risiko Bescheid weiß. Warum also übernimmt Papas Handy trotzdem noch so oft den Job des Babysitters?

Gerade die Teuerungskrise sorgt dafür, dass frisch gebackene Eltern oft früher, als ihnen lieb ist, ihren Weg zurück in die Arbeitswelt antreten müssen. Völlig ausgelaugt schleppen sie sich dann am Ende eines langen Tages in die Wohnung, wo sie nur mehr die Beine hochlegen wollen. Was möglich wäre, wenn nicht dieses kleine Energiebündel durch die Wohnung flitzen und um die Aufmerksamkeit der Mama buhlen würde. »Wollen wir ein Buch lesen?« »Bitte spiel mit mir.« »Komm, wir bauen eine Rakete und fliegen damit zum Mond!«

Mit dem Anknipsen eines Films scheinen all diese Probleme mit einem Schlag gelöst. Man erspart sich einen zeitaufwendigen Ausflug in den Park, der damit endet, dass man sich inklusive Gewand in die Waschmaschine stecken könnte, und das große Geschluchze, wenn man nach stundenlangem Schaukeln endlich den Heimweg antreten möchte. Außerdem muss nach der Arbeit auch noch für andere Tätigkeiten wie die Erledigung des Haushalts Zeit eingeräumt werden und dabei ist ein quengelndes Kind ebenfalls nicht gerade förderlich.

Dieser eine Klick ist somit der Schlüssel zu einem ruhigen Kind und dem Ende der Quengelei und etwaiger Diskussionen. Die Bespaßung übernimmt jetzt bequem die Technik, die Verantwortung wurde an andere übergeben.

Die Erziehung der Kleinen soll dann bitte in den Kindergärten geschehen, wohin die Kinder mittlerweile immer früher kommen. Denn momentan befinden sich in Wien rund ein Drittel der Null- bis Dreijährigen bereits regelmäßig in Fremdbetreuung – teilweise im Ausmaß eines Vollzeitjobs. Der Verglich hinkt nicht: Für Kleinkinder ist die Zeit in einer lauten Gruppe vergleichbar mit einem anstrengenden Job, von dem sie dringend Erholung brauchen.

Trotzdem verbringen sie viel zu viel Zeit im Kindergarten, obwohl gerade in diesem Alter das elterliche Dasein von enormer Wichtigkeit wäre, weil die Kinder noch gar keine eigenständige Persönlichkeit entwickelt haben. Wie sollen sie sich also ausdrücken und behaupten? Außerdem ist der Alltag mit ihnen unglaublich herausfordernd, obwohl für diese Altersgruppe noch das größte Team an Pädagoginnen und Pädagogen zuständig und der Betreuungsschlüssel besser ist. Das ist auch notwendig, denn schließlich müssen sie in den meisten Fällen noch gewickelt werden, können noch nicht eigenständig essen und wissen noch nicht, wie sie uns auf ihre Bedürfnisse aufmerksam machen können. Dass solch eine Situation aber nicht nur für die zuständigen Erwachsenen mit viel Anstrengung verbunden ist, sondern auch für die Kinder eine extreme

Belastung darstellt, gerät dabei oft in den Hintergrund. Denn dieses Zeitpensum in der Arbeit oder auf der Uni zu verbringen, ist schon für einen Erwachsenen erschöpfend. Doch die Kinder haben nicht einmal eine andere Wahl! Sie sind unserem System ausgeliefert.

Auch die zweite Elementarpädagogin habe ich gebeten, ihre Erfahrungen mit einem größeren Publikum zu teilen, weil sie die aktuelle Entwicklung aus drei Perspektiven kennt. Zunächst war sie Au-pair und Kindermädchen und hat erlebt, wie sich die Allerkleinsten entwickeln, welchen Familien- und Umwelteinflüssen sie ausgesetzt sind und was sie frühzeitig formt und deformiert.

Danach war sie Elementarpädagogin und beobachtete, wie diese Kinder den Kindergarten und die Vorschulzeit durchliefen und wie schwierig es auch angesichts der derzeitigen organisatorischen und finanziellen Strukturen in diesem Bereich ist, irgendetwas zu verbessern.

Inzwischen ist sie Volksschullehrerin, wo ihr die ehemaligen Kindergartenkinder neuerlich begegnen. »Wenn die Kinder mit all ihren Auffälligkeiten in der Volksschule ankommen, ist kaum noch etwas zu machen«, sagt sie. »Dann sind Lebenswege bereits vorgegeben und es sind keine guten. Sie sind jedenfalls ganz bestimmt nicht so gut, wie sie sein könnten.« Sie analysiert das Problem in einem ausführlichen Kapitel mit ihren eigenen Worten und ihrer eigenen Stimme.

Kapitel 3

Eine Pädagogin und ihre Geschichten

Der folgende Text ist ein Bericht von der Front. Hier schildert eine von mir sehr geschätzte Kollegin, was sie in vielen Berufsjahren als engagiertes Kindermädchen, später als Elementarpädagogin und schließlich als Volksschullehrerin erlebt hat. Sie möchte anonym bleiben und fragt sich genau wie ich, was aus den vielfach beschädigten und in ihrer natürlichen Entwicklung gebremsten Kindern später werden soll. Aber jetzt soll sie selbst zu Wort kommen, denn ihr Bericht ist ein wahrer Augenöffner:

»In einer großen Familie aufzuwachsen, ist für mich ein Segen. Mir hat es den Weg meines beruflichen Werdegangs geebnet. Denn als einziges Mädchen wurde mir früh die Verantwortung für meine jüngeren Geschwister übertragen. Und obwohl ich anfänglich mit einigen Herausforderungen konfrontiert war und viel eigenständig herausfinden und lernen musste, übernahm ich den Job am Ende freiwillig.

Ansonsten hätte ich wohl nicht angefangen, auch außerhalb der eigenen Familie auf kleine Kinder aufzupassen und dafür mit siebzehn schließlich sogar für zwei Monate nach Amerika zu ziehen, wo mir das Betreuen zweier Kleinkinder auferlegt wurde.

Nach dieser Zeit kam ich nach Wien, um dort meine Ausbildung zu beginnen. Und da war ich: eine Studentin in einer großen Stadt ohne Geld. Ein Job musste her! Und das Naheliegendste? Natürlich Babysitten. Anfänglich war ich nur für ein Kind zuständig, aber meine fürsorgliche und zuverlässige Art sprach sich schnell herum, ich bekam laufend Anfragen und bald hatte ich fünf Familien und deren Kinder unterschiedlichster Altersgruppen zu betreuen.

Mein Leben war toll, aber es zog mich hinaus in die große weite Welt. Also flog ich ein weiteres Mal nach Amerika, um dort für einige Zeit das Kind einer kleinen Familie zu betreuen. Zu Beginn war ich überrascht, als ich bemerkte, mit wem ich meine Tage ab nun verbringen würde, denn mir wurde ein viermonatiges Mädchen in den Arm gelegt. Doch noch bevor ich mich fragen konnte, wie es zu dieser Situation kam, sackte die Mutter des kleinen Mädchens in sich zusammen und begann schluchzend zu erzählen. Obwohl das meiste unverständlich war, konnte ich dennoch heraushören, dass ihr Arbeitgeber ihr keine andere Wahl lasse. Die unmenschliche Wahl: Entweder sie gehe Vollzeit arbeiten oder sie müsse sich eine neue Stelle suchen. Und als wäre das alles nicht schon schlimm genug, sei ihr Mann auch noch im Ausland stationiert. Bei jedem Anruf einer unbekannten Nummer setze ihr Herzschlag kurz aus. Schließlich könne ihm jedem Tag etwas zustoßen. Das Einzige, was sie diesen Kummer durchstehen lasse, sei Lea, das kleine Mädchen, das mittlerweile mit einem zufriedenen Lächeln auf den Lippen in meinen Armen eingeschlafen war.

Spätestens diese Erfahrung machte mir bewusst, dass sich etwas ändern muss. Ich wollte so vielen Kindern wie möglich eine unbeschwerte Kindheit ermöglichen und fing bei meiner Rückkehr nach Österreich an, in einem Kindergarten zu arbeiten. Dort verbrachte ich einige Zeit und setzte mich intensiv mit den Problemen und Sorgen der Kleinsten auseinander. Doch ich bemerkte bald, dass dieser Job körperlich anstrengend ist und die Knochen und Gelenke beim Herumkrabbeln auf allen vieren die Knie und der Rücken auf unnatürliche Art und Weise belastet. Die Zeit schritt voran und die Arbeit im Kindergarten setzte mir bald auch psychisch mehr und mehr zu.

Ich entschloss mich schließlich für einen Berufswechsel.

Da ich die Arbeit mit Kindern auf keinen Fall missen, sondern lediglich etwas weniger Lärm, Probleme und vielleicht sogar Verantwortung haben wollte, war der Schritt in die Volksschule für mich der naheliegende. Größere Kinder, kleinere Probleme, oder? Wie weit entfernt dieser Gedanke von der Realität ist, konnte ich zu diesem Zeitpunkt schließlich noch nicht erahnen. Mit welchen Kindern und mit welchen neuen Problemen ich es als Elementarpädagogin und Lehrerin zu tun hatte, zeichnete sich allerdings schon ganz zu Beginn meiner Laufbahn ab.

Kinder entwickeln Bindungsstörungen

Es war mein erster Tag im neuen Kindergarten und ich war unsicher, ob mich die neue Gruppe akzeptieren würde. Zu meiner Erleichterung stolperte schon bald ein Bub auf mich zu, der mir ab diesem Zeitpunkt nicht mehr von der Seite weichen wollte. Er verlangte nie nach seiner Mutter oder einer anderen Bezugsperson, sondern buhlte ausschließlich um meine Aufmerksamkeit. Was ich am Anfang noch süß fand, wurde schon bald anstrengend und erschwerte mir schlussendlich den Arbeitsalltag. Aber dass dieses Verhalten sogar krankhaft ist, hat mich dann doch schockiert.

Eine meiner Kolleginnen erklärte mir am Abend desselben Tages, dass Kinder im Alter von etwa drei Jahren im Normalfall ihre erste sogenannte Trotzphase durchleben. Erst nach dieser Zeit, die geprägt ist von Schreien, Weinen, Schlagen, Kratzen, Stampfen und Toben, seien sie sich ihrer Eigenständigkeit so richtig bewusst. Davor sähen sie sich noch als Puzzleteile der Person der Mutter, weshalb ihr Fehlen gerade in dieser Zeit schwere Folgen nach sich ziehen könne. Denn diese Kinder können Bindungsstörungen entwickeln, die sich entweder sofort bemerkbar machen oder sich erst im Laufe des Lebens herauskristallisieren. Und dann komme es eben auch mal vor, dass sich ein Kleinkind so sehr auf eine nahezu fremde Person wie mich fokussiere, dass es weint, wenn ich den

Raum verlasse und sich vehement gegen den körperlichen Kontakt zur eigenen Mutter wehrt, wenn diese es am Abend wieder abholt.

Kinder sind nicht mehr in der Lage, Bilder zu malen

Der kleine Johannes lässt einen Radiergummi gedankenverloren von einer Hand in die andere wandern. Vor ihm liegt eine Box voller Buntstifte, eine Auswahl an Stempeln und Papierbögen in allen möglichen Farben und Größen. »Komm schon. Mal einfach das, was dir als Erstes einfällt«, ermutige ich ihn und sogleich starren mich zwei haselnussbraune Augen voller Unverständnis an. Habe ich zu leise gesprochen? Ich wiederhole meinen Satz. An der Reaktion ändert das allerdings nichts. Also zwänge ich mich auf den viel zu kleinen Stuhl neben ihm und gebe ihm jeden einzelnen Schritt vor. »Nimm dir erst einmal ein Blatt.« »Sollen wir vielleicht einen Baum malen?« »Dafür brauchst du den grünen und den braunen Stift.« Das Spielchen spielten wir so lange, bis wir vor einem ganz passablen Baum sitzen. Ich beobachte, dass er offensichtlich, im Gegensatz zu so manchem Gleichaltrigen, weiß, wie er den Stift zu verwenden hat. Warum tut er es dann nicht einfach?

Weil er seine Kreativität nie schulen und seine Fantasie nie einsetzen musste. In seinem Zimmer steht kein schlichtes Holzpferd, das in Gedanken zum Leben erweckt werden muss, sondern ein rotglänzender Roboter, der mit dem Umlegen eines Schalters beginnt, Geräusche zu machen und sich zu bewegen.

Und ein Kind macht auch nicht mehr, als es unbedingt muss. Also warum Fantasie bei einem Gerät einsetzen, das von selbst schon alles Mögliche bietet?

Und wo die nötige Kreativität fehlt, muss sich anderweitig Inspiration für das nächste Bastelprojekt besorgt werden. Deshalb klappen Fünfjährige mittlerweile eigenständig den Computer auf und suchen sich auf YouTube eine Anleitung, die ohnehin viel zu anspruchsvoll gestaltet ist. Und dann versuchen sie, kreative Aufgaben von morgen mit den motorischen Fähigkeiten von gestern zu bewältigen. Verständlicherweise wird der anfängliche Bastelspaß schnell zum großen Ärgernis.

Kinder können keine Schuhbänder mehr binden

Die fehlende Motorik aufgrund der zunehmenden Digitalisierung wird später auch in anderen alltäglichen Situationen zum Problem. Im Kindergarten helfen wir den Kindern noch viel und nehmen ihnen so einiges ab, doch in der Schule ist das nicht mehr möglich. Wenn sich ein Kind mit sieben Jahren immer noch nicht eigenständig die Schuhe binden kann, zieht das die Zeit, die in der Garderobe verbracht wird, ganz schön in die Länge. Diese Fälle waren früher die Ausnahme, heute werden sie zunehmend zur Regel.

Und natürlich ist es erschöpfend und zeitintensiv, einem Kind das Binden von Schuhbändern beizubringen, gerade, wenn es ihm an der nötigen Feinmotorik fehlt, das Band richtig zu greifen und die Bewegungsabläufe korrekt auszuführen. Doch anstatt sich dieser Herausforderung zusammen mit dem Nachwuchs zu stellen, um ihm diese wichtige Fertigkeit fürs Leben beizubringen, beziehen sich Eltern auch hier lieber auf die Technik. Deshalb stecken die meisten Kinderfüße heutzutage in Schuhen, die nicht mit Schnürsenkeln, sondern mit glitzernden Klettverschlüssen oder futuristischen Drehmechanismen ausgestattet sind.

»Das Schuhebinden werden sie dann schon in der Schule lernen«, reden sich viele dieser Eltern ein. Und das wäre bei einem einzelnen Kind vielleicht noch möglich, aber wenn beim Schulausflug auf einmal dreißig Paar knöchelhohe Wanderschuhe zu schnüren sind, kommt auch die ausgeglichenste Lehrkraft an ihre Grenzen.

Außerdem gehört es schlichtweg nicht zum Aufgabenbereich einer Lehrerin, den Kindern solche Dinge beibringen zu müssen. In der Schule soll gerechnet, geschrieben und gelesen werden und nicht der alte Schuhbinde-Reim »Hasenohr, Hasenohr, einmal rum, dann durchs Tor« durchs Klassenzimmer hallen.

Diese verzögerte motorische Entwicklung zeigt sich auch beim Erlernen der Schrift. Selbst wenn sie strikt nach Lehrplan arbeiten, werden Lehrkräfte heute auch dadurch mehr gefordert als noch vor ein paar Jahren. Da schaut der Buchstabe A dann schnell einmal wie ein O aus und ein I ist nur noch mit viel Fantasie von einem J zu unterscheiden. Wenn sich das Schriftbild dieser Kinder nicht bald verbessert, muss ihnen eine Assistenz an die Seite gestellt werden, ohne die sie den normalen Schulalltag nicht bewältigen könnten. Aber auch mit dieser Unterstützung wäre es mehr als fraglich, ob sich diese Kinder jemals auf dem Stand ihrer Klassenkameradinnen und -kameraden befinden werden.

Kinder irren auf der Suche nach ihren Geschwistern herum

Ein Kleinkind mit Schnuffeltuch in der Hand und Daumen im Mund wandert durch die breiten Gänge des Kindergartens. Es sieht beinahe gruselig aus, mit welcher Ruhe es seinen kleinen Fuß behutsam vor den anderen setzt. Es lässt seine großen runden Augen aufmerksam über die angeketteten Laufräder vor der Tür schweifen, als würde es dort etwas oder jemanden suchen. Anscheinend ohne Erfolg, denn es schlurft weiter, und so langsam kullern die ersten Tränen über die roten Wangen. Es gibt dabei keinen Laut von sich, will um keinen Preis auffallen. Denn die Aufmerksamkeit auf sich zu lenken, vielleicht sogar zu stören, bedeutet bei einer alkoholkranken Mutter nur selten etwas Gutes. Wie oft hatte sich der große Bruder schützend vor das Mädchen gestellt und den Hass der Mutter abbekommen? Und wie viele Tage im Jahr war er es, der darauf geachtet hat, dass seine Schwester nicht hungrig ins Bett gehen musste und nicht die Frau, die sie auf die Welt gebracht hat?

Eine dementsprechend starke Bindung herrscht zwischen diesen beiden Geschwistern. Dieses starke Band bringt die Kleine sogar dazu, aus ihrer eigenen Gruppe zu flüchten, mehrere Minuten durch die Gänge zu irren und schließlich in der Gruppe ihres größeren Bruders aufzutauchen, der liebevoll seine Arme um das kleine Häufchen Elend schlingt.

Für Außenstehende mag das eine herzzerreißende Geschichte sein, aber für die Beschäftigten ist so ein Kind vor allem eins, und zwar nervenzehrend und mit viel Stress verbunden. Dieses Mal ist sie nur in die andere Gruppe verschwunden, aber was ist, wenn sie eines Tages unauffindbar ist? Oder wenn sie irgendwann die Einrichtung verlässt und auf die angrenzende Straße läuft?

Solche Situationen könnten wir Beschäftigen in den Kleinkindgruppen, Kindergärten und Horten viel besser meistern, wenn der Fachkraft-Kind-Schlüssel niedriger wäre. Wir hätten genug Aufmerksamkeit für das einzelne Kind, auch wenn es, wie das arme kleine Mädchen mit der alkoholkranken Mutter, schlicht mehr Aufmerksamkeit als andere braucht.

Aber solange das nicht der Fall ist, ist es nur eine Frage der Zeit, bis etwas Schlimmeres passiert.

Kinder haben Angst, Zeit mit ihrer Mama zu verpassen

»Mama abholen«, »Wann ist Mama wieder da?«, »Wann kommt Mama?« waren wohl die einzigen Sätze, die Lena im ersten Jahr zu mir sagte. Ansonsten gab sie wenig von sich, außer viele Tränen und zutiefst verzweifelte Schluchzlaute, wenn ihre Mama sich in der Früh von ihr verabschiedete. Sollte sie mit ihren zwei Jahren die Phase des Fremdelns nicht langsam abgeschlossen haben?

Sollte sie definitiv. Zumindest, wenn in ihrer frühen Kindheit alles so abgelaufen wäre, wie es hätte sein sollen. Ist es hier aber nicht. Lena wurde bereits als Baby in die Obhut der Kleinkindgruppe übergeben, wo sie den Großteil des Tages betreut wurde. Dort war sie von einem fürsorglichen Team umgeben, das nur das Beste für sie wollte, aber die Eltern sind eben unersetzbar.

Das gleiche trifft auf die Zeit zu, die miteinander verbracht werden sollte. Deshalb kämpft Lena jede Nacht, in der sich ihre liebe Mama zu ihr legt, um ihr die Gute-Nacht-Geschichte vorzulesen, gegen die Müdigkeit. Lange Zeit liegt sie hellwach unter ihrer Decke und kuschelt sich ganz nah an ihre Mutter. Wenn die Natur dann doch die Oberhand gewinnt und Lena langsam, aber sicher einzuschlafen droht und sich ihre Mama vorsichtig aus der Decke schält, zuckt sie zusammen, klammert sich fest an sie und besteht weinend auf noch ein paar letzte Minuten, um ja keine wertvolle Mama-Sekunde zu verpassen.

Da ist es verständlich, dass sie häufiger von ihrem Papa ins Bett gebracht wird. Denn wenn dieser anfängt, ihr Lieblingsbuch vorzulesen, rollt sie sich schon bald zusammen, bekommt eine ruhige und gleichmäßige Atmung, bevor sie schließlich tief und fest schläft.

Kinder sind permanent überfordert

Während Lena um jede Minute mit ihrer Mama ringt, haben meine Geschwister und ich früher jede Minute genossen, in der sie mal nicht auf uns aufgepasst hat. Im Haus konnten wir schließlich nur dann eine Runde Fangen spielen, wenn niemand Angst um die Porzellanvase der Oma hatte. Zeit ohne die Mama war schon immer ein Erlebnis, aber noch besser war es, wenn sie zusammen mit unserem Vater zum jährlichen Kurzurlaub in die Berge aufgebrochen ist. Dann hat nämlich eine Babysitterin auf uns aufgepasst und wir durften etwas länger aufbleiben oder ein paar Süßigkeiten mehr naschen.

Es war aufregend und neu, wenn Mama nicht zu Hause war und das sollte es auch sein. Schließlich sollte es eine Ausnahme sein, ohne ihren Gute-Nacht-Kuss ins Bett zu gehen. Heute ist es in vielen Familien die Regel, dass die Mutter weg ist, bevor das Kind aufwacht, und erst wieder nach Hause kommt, wenn es schon längst wieder eingeschlafen ist. Und auch unsere Mutter hatte viel zu erledigen. Sie war ständig mit Kochen oder Waschen beschäftigt und konnte sich nur selten zu uns setzen, um mit uns zu spielen. Aber im Gegensatz zur modernen Mutter war sie einfach da.

Wie wichtig es ist, einfach nur da zu sein und Sicherheit auszustrahlen, ist vielen Eltern heute wohl nicht mehr bewusst, ansonsten wäre wohl nicht der Großteil der Kleinkinder heute bis zum Abend im Kindergarten. Wir erleben sie dort oft am Ende ihrer Kräfte. Denn ein Kindergartentag ist für die Kinder genauso anstrengend wie ein neuer Fulltime-Job für Erwachsene. Ständig gibt es neue Eindrücke, Konflikte und ständig müssen sie sich nach der Gruppe richten, statt nach ihrem Gefühl zu gehen und danach, was sie eigentlich gerade brauchen. Am meisten fehlt ihnen Ruhe.

Auch Schulkinder brauchen die Eltern. Heute müssen viele Tafelklassler bereits am zweiten Schultag den gesamten Nachmittag im Hort verbringen. Dabei ist diese erste schulische Umstellung für die Kleinen sehr fordernd und nimmt sie gehörig mit. Das wird spätestens dann klar ersichtlich, wenn sie im Hort nach dem Mittagessen einschlafen, anfangen zu weinen, weil sie sich nicht auskennen oder sich vermehrt verletzen, weil sie mit der neuen Situation einfach total überfordert sind. Sie bräuchten vielmehr einen ruhigen Nachmittag zuhause und einen Elternteil, der für sie da ist.

Kinder versuchen verzweifelt nachzuholen, was sie versäumt haben

Es ist ein sonniger Tag und Jakob sitzt mit dem Daumen im Mund in einer Korbschaukel und schaut gedankenverloren zu einer Gruppe zehnjähriger Schüler, die sich ein paar Meter weiter auf ein Fußballspiel mit ihrem Trainer vorbereiten. Was zunächst nach einer normalen Situation klingt, ist eine menschliche Tragödie. Denn Jakob ist kein Kleinkind, sondern ganze zehn Jahre alt. Und diese Kinder, die er beobachtet, sind keine coolen Nachbarskinder, zu denen er aufschaut, sondern seine Schulkollegen, die eine normale Entwicklung durchlebt haben. Während diese schon bald in die Pubertät kommen und ihre ersten Erfahrungen mit der Liebe machen werden, steckt Jakob noch in der oralen Phase, in der alles in den Mund genommen und mit der Zunge ertastet wird.

Auch er wurde bereits mit wenigen Monaten in die Obhut von Fremden übergeben, bei denen er sich offenbar nicht sicher genug fühlte, um eine altersgemäße Entwicklung durchzumachen. Wie lange er an diesem Verlust zu knabbern haben wird, ist schwer zu sagen. Was allerdings zweifelsohne behauptet werden kann, ist, dass die Versäumnisse aus diesen prägenden Jahren im besten Falle ausgeglichen, niemals aber komplett aufgeholt werden können.

Denn in den ersten Lebensjahren prägt sich bereits alles ein, was später im Erwachsenenleben benötigt wird. Ein Kind baut seinen Wortschatz auf und entwickelt seine sprachlichen Fähigkeiten. Es festigt seine körperliche Grobmotorik und erlernt beim Basteln und Spielen seine Feinmotorik. Es wird selbstständiger und verinnerlicht spielerisch die Werte und Normen der Gesellschaft.

In dieser Zeit wird alles beobachtet, vieles nachgeahmt und das meiste, ohne groß darüber nachzudenken, erlernt. Wenn dann auch noch Raum zum Experimentieren ist, wollen Kinder das Erlernte verbessern und fangen an, neue Dinge auszuprobieren. Dann wollen sie vielleicht nicht mehr nur ein Bild malen, sondern lernen, Buchstaben zu erkennen und schon bald darauf wollen sie wissen, wie sie ihren eigenen Namen schreiben können.

Denn Kinder zeigen von Natur aus Interesse daran, etwas Neues zu entdecken und haben oft viel Motivation und Ehrgeiz, das Beste aus sich herauszuholen. Zumindest im Normalfall.

Doch immer häufiger wird diese Phase durch äußere Einflüsse gestört. Und anstatt bereits alles spielerisch gelernt zu haben, müssen diese Kinder probieren, ihre teilweise extremen Defizite zu kaschieren. Denn in der Schule ist es bereits zu spät, solche Rückstände in der Entwicklung aufzuholen. Außerdem hätte eine Lehrkraft auch gar nicht die Kapazitäten dafür, sich im nötigen Ausmaß auf diese bedürftigen Kinder zu fokussieren, ohne dabei die anderen und den geplanten Unterrichtsstoff zu vernachlässigen. Diese Kinder bleiben also auf der Strecke und haben vielleicht ihr Leben lang mit diesen Problemen zu kämpfen.

Kinder werden pathologisiert

Während im Kindergarten alles möglichst individualisiert ablaufen soll, folgen die Lehrerinnen und Lehrer in der Schule einem strikten Lehrplan, der für alle gleich aussieht. Danach wird jedes Kind bewertet und seine Fortschritte möglichst präzise dokumentiert. Da rückt ein Kind, das aus der Reihe tanzt, schnell in den Fokus der Lehrperson.

So ein Kind ist Elias. Er kann nicht ruhig sitzen, ist schnell abgelenkt und weiß nicht, wie er sich beim Essen zu benehmen hat. Über diese Auffälligkeiten müssen wir die Eltern natürlich in Kenntnis setzen.

Im nächsten Schritt würden im Normalfall viele Gespräche mit fachlich versierten Menschen stattfinden, um einen geeigneten Umgang mit dem Problem zu erarbeiten. Doch in Elias´ Fall konnte es den Eltern nicht schnell genug gehen. Sie engagierten umgehend einen privaten Psychologen. Und am Ende des Tages konnten sie ihren Sohn als Autisten und sich selbst weiterhin als Super-Mum und Super-Dad bezeichnen.

Dass Elias´ unaufmerksames Verhalten, sein respektloser Umgang, die fehlende Kreativität oder die sozialen Schwierigkeiten eventuell mit dem Fehlen von elterlicher Aufmerksamkeit einhergehen könnten und nicht unbedingt mit einem medizinischen Problem in Zusammenhang stehen müssen, davon wollten sie nichts wissen. Deshalb hatten sie auch kein schlechtes Gewissen, als sie anfingen, ihr Kind mit Medikamenten vollzupumpen, es mit natürlichen Amphetaminen bei Laune zu halten oder mit Naltrexon ruhigzustellen, einem starken Opioid, das eigentlich für den Alkoholentzug entwickelt wurde.

Elias ist kein Einzelfall. Viele Eltern haben heute die Tendenz, ihrem Kind eine medizinische Diagnose verpassen zu lassen, obwohl das eigentliche Problem für uns Pädagoginnen und Pädagogen klar auf der Hand liegt: Sie haben einfach zu wenig Zeit für ihren Nachwuchs!

Kinder haben immer häufiger Verhaltensauffälligkeiten

Aber von diesen übereilten und manchmal auch falschen Befunden abgesehen, lässt sich auch bei der Zahl der seriösen Diagnosen ein besorgniserregender Anstieg verzeichnen. Eine Analyse aus den USA zeigt: Während im Jahr 2000 nur eines von 150 amerikanischen Kindern Autismus-Spektrum-Störungen zugeordnet wurde, war es 2018 knapp jedes fünfzigste. Tendenz steigend!

Allein in Österreich leben aktuell um die 50.000 Kinder mit dieser Entwicklungsstörung, wovon rund ein Viertel von frühkindlichem Autismus betroffen ist. Diese Form des Autismus äußert sich bei jedem Betroffenen anders, ist aber definitiv die schwerwiegendste Art und ohne Aussicht auf Heilung. Die Krankheit kann relativ rasch erkannt werden, spätestens erfolgt die Diagnose aber im dritten Lebensjahr. Diesen Kindern fällt nicht nur die Interaktion mit Gleichaltrigen, sondern sogar die mit den eigenen Eltern schwer. Sie haben ohnehin wenig Interesse daran, sich mit anderen Menschen zu umgeben. Außerdem haben sie eine verzögerte oder ausbleibende Sprachentwicklung und wenn sie sprechen, hat ihre Stimme oft eine ungewöhnliche Melodie. Da von ihrer Gestik oder Mimik wenig abzuleiten ist, müssen sie anders auf ihre Bedürfnisse aufmerksam machen.

Das geschieht dann beispielsweise dadurch, dass sie die Person an den gewünschten Ort führen und auf das Problem zeigen. Wenn das noch möglich ist, denn autistische Kinder weinen oft auch ohne ersichtlichen Grund oder erleben Wutausbrüche ohne erkennbaren Auslöser. Dass es an einer minimalen Verschiebung im Tagesablauf oder an einem leicht von der Norm abweichenden Mittagessen liegt, ist schließlich oft nur für das Kind selbst einleuchtend. Sie aus so einer emotionalen Aufregung wieder zu beruhigen, ist fast unmöglich, schließlich können sie nahezu keinem Blickkontakt standhalten und wehren sich sogar gegen eine Umarmung der eigenen Eltern. Da hat eine Elementarpädagogin keine Chance. Sollte sich der Trend fortsetzen und wir es mit immer mehr autistischen Kindern zu tun bekommen, brauchen wir in den Bildungseinrichtungen also dringend mehr eigens geschultes Personal.

Kinder werden immer anhänglicher und unselbstständiger

Eltern haben immer weniger Zeit und Energie, um sich um ihre Kinder zu kümmern. Kinder, die viel Zeit alleine verbringen müssen, werden nicht etwa besonders selbstständig, sondern ganz im Gegenteil, immer anhänglicher und unselbstständiger. Zum einen suchen diese Kinder auffallend viel Kontakt zu erwachsenen

Menschen in ihrer Umgebung, da sie sich erhoffen, in ihnen jene Sicherheit zu finden, die ihnen zu Hause fehlt. Und zum anderen sind sie schlichtweg hilflos, finden sich oftmals nicht zurecht und brauchen für jeden noch so kleinen Schritt eine Anweisung. Selbstständigkeit hat ihnen niemand beigebracht.

Diese Hilflosigkeit und Unselbstständigkeit haben mich als Lehrerin oft schockiert. Ganz besonders deutlich erinnere ich mich an ein Erlebnis bei einem Projektausflug. Wir übernachteten in einer Jugendherberge. Nachts um elf stand plötzlich ein verloren wirkender Schüler im Pyjama am Gang.

Er erklärte mir, er sei noch nicht auf sein Zimmer gegangen, weil ihm noch niemand gesagt habe, dass Schlafenszeit sei. Von einem fast zehnjährigen Kind hätte ich mir natürlich erwartet, dass es selbst einschätzen und wissen kann, dass es um elf Uhr bereits im Bett sein sollte, wie alle anderen auch. Aber anscheinend brauchen Kinder heutzutage für alles eine Anweisung.

Als mir die Situation später erneut durch den Kopf ging, fiel mir der kleine Johannes wieder ein, den ich damals im Kindergarten zum Zeichnen motivieren musste. Er hatte bei seiner Baum-Zeichnung ebenso verunsichert gewirkt, mich während des Prozesses mehrmals gefragt, ob dieser Ast so passe oder dieses Blatt so stimme, und konnte genau wie später der Volksschüler am Gang keine selbstständigen Entscheidungen treffen. Johannes´ Verhalten empfand ich damals zwar als durchaus ungewöhnlich, aber nicht als weiter beachtenswert. Doch wenn sich ein Schulkind so unselbstständig und zutiefst verunsichert verhält, ist das besorgniserregend. Wenn der Junge bis jetzt nicht zur Selbstständigkeit erzogen wurde, wann soll er sie noch lernen? Und wenn er sich bei so kleinen Entscheidungen schon schwertut, wie soll er später im Erwachsenenalter über weitaus größere Dinge urteilen und entscheiden können?

Kinder sind nicht mehr teamfähig

Emilie liebt Prinzessinnen. Zumindest hat sie mir das am ersten Tag nach den Ferien ganz stolz erzählt, während sie in ihrem pinken Prinzessinnen-Kleid Pirouetten drehte. »Ich spiele jetzt mit Johanna und Aisha Verstecken, das haben sie mir nämlich gestern schon versprochen.« Es tut gut, sie einmal so glücklich zu sehen. Ansonsten beobachte ich sie meist nur, wie sie auf der Schaukel sitzt und den Kopf hängen lässt. Ihre Eltern verspäten sich bereits zum zweiten Mal diese Woche. Und es ist erst Dienstag.

Sie hüpft also ganz stolz auf die zwei älteren Mädchen zu, die schon bald in die Schule kommen. »Mein Prinzessinnen-Kleid ist viel schöner.« »Meines hat Diamanten und ist viel zu wertvoll, um es im Kindergarten anzuziehen.« »Außerdem sieht deine Schleife komisch aus!« Damit stehen sie auf und gehen. Nur

Emilie bleibt in der Mitte der Wiese alleine zurück. Es hätte mich ohnehin gewundert, wenn sie es heute erstmals geschafft hätte, sich in die Gruppe einzugliedern, denn auch sie ist kein unbeschriebenes Blatt. Sie ist ebenso neidisch wie die anderen und auch sie hätte am liebsten in jeder Situation das Sagen.

Emilie ist außerdem ein Paradebeispiel für die geringe soziale Kompetenz, zu der heutzutage viele Kinder neigen. Denn anstatt einfach zu fragen, ob sie auch mitspielen kann, fängt sie an, die anderen zu ärgern oder ihnen die Spielsachen wegzunehmen. Ein geschultes Auge versteht, dass sie auf diese Weise probiert, ins Team aufgenommen zu werden. Aber wie soll ein anderes Kind das wissen? Also reagiert es abweisend oder provoziert sogar einen Streit. Zusammenarbeiten und kooperieren? Fehlanzeige! Diese zwischenmenschlichen Beziehungen sind geprägt von eifersüchtigem Denken, konkurrierendem Verhalten und dominierendem Handeln. »Einer für alle, alle für einen!«, war das Motto der Musketiere. Aber hier herrscht das Motto: »Einer gegen alle, alle gegen einen!« Wir Erwachsenen sollten uns dringend fragen, woher das kommt.

Ich mache mir Sorgen um die Zukunft

Kinder denken immer eingeschränkter, brauchen aber gleichzeitig mehr Freiheiten. Sie können nicht mehr auf Autoritätspersonen hören, sind aber trotzdem auf detaillierte Instruktionen angewiesen. Sie können nicht mehr im Team zusammenarbeiten und wollen trotzdem dazugehören. Was soll aus diesen Kindern werden, wenn sie nicht mehr von Pädagoginnen und Pädagogen an die Hand genommen werden können, sondern eigenständig im Erwachsenen-Leben Fuß fassen müssen?

Zunächst wird es Kindern, die nie eine stabile Bindung erfahren durften, schwerfallen, selbst eine gesunde Beziehung zu ihrem Partner oder ihrer Partnerin aufzubauen. Sie werden in ihrem Leben von einer Person zur nächsten wechseln und vielleicht niemals in der Lage sein, eine eigene Familie zu gründen. Und wenn das doch der Fall sein sollte, werden die eigenen Probleme an die nächste Generation weitergegeben.

Doch nicht nur ihr privates Leben wird von Diskontinuität geprägt sein. Auch in ihrem Berufsleben wird der ein oder andere Wechsel stattfinden. Und wenn sie nicht selbst aufgeben und vorzeitig kündigen, wird ihnen von höherer Instanz keine andere Wahl gelassen werden. Denn welcher Chef will schon eine Mitarbeiterin oder einen Mitarbeiter, die oder der nur nach Lust und Laune arbeitet und sich nicht an Anweisungen hält?

Die Kinder von heute sind das Fundament unserer Gesellschaft. Bricht es ein, werden wir alle mit ihnen untergehen. Diese Kinder sind dafür zuständig, uns in der Pension zu versorgen, aber daran glaube ich mittlerweile nicht mehr. Diesen Kindern muss geholfen werden, um uns allen zu helfen.

Familie und Beruf zu vereinbaren, ist schwierig

Eltern wissen: Kinder zu haben bedeutet nicht nur viel Freude, es ist zwangsläufig mit Verzicht verbunden. Heutzutage können Kinder den ganzen Tag im Kindergarten verbringen. Nach der Schule geht es für die meisten in den Hort, wo sie zu Mittag essen, ihre Hausübungen machen und sich im Garten austoben können. Es kommt ein sattes und zufriedenes Kind nach Hause, das für den nächsten Tag bereits alles erledigt hat. Die einzige Aufgabe, die den Eltern dann noch zukommt, ist, einen Blick in das Mitteilungsheft zu werfen oder die verschimmelte Brotdose aus dem Rucksack zu nehmen, und oft funktioniert nicht einmal das, ohne dass sie seitens des Kindergartens nicht mindestens einmal daran erinnert werden. Nach der Arbeit bleibt oft kaum noch Energie übrig und die Kinder werden mit einem »Ich bin müde. Wir machen das ein andermal« vertröstet.

Uns ist völlig klar, dass es wahnsinnig schwierig und manchmal fast unmöglich ist, Familie und Beruf unter einen Hut zu bekommen. Aber wer das psychische und körperliche Wohl des eigenen Kindes schützen möchte, muss sich selbst und seine Karriere zumindest in der Eingewöhnungszeit hintanstellen. Dann muss sich Mama oder Papa für einen guten Start in den Kindergarten eben ein paar Tage freinehmen. Sie oder er sollte es möglich machen, die Arbeit an den ersten Schultagen schon zu Mittag zu verlassen, um das Kind abzuholen. Dafür brauchen Eltern Verständnis und Entgegenkommen der Arbeitgeberschaft.

Es sind nicht viele Jahre, in denen die Eltern zurückstecken müssen, aber in dieser Zeit ist es umso wichtiger, für das Kind da zu sein. Denn im Grunde geht es immer um Sicherheit. Wenn die Kinder in den ersten drei Jahren das Gefühl haben, in Sicherheit zu sein, dann wird alles gut. Diese Kinder werden die normalen Entwicklungsphasen durchlaufen und auch ohne großes Zutun emotionale, körperliche und soziale Fortschritte machen.

Außerdem ist es nicht nur für die Kinder ein prägender Abschnitt, sondern auch für die Eltern selbst. Schließlich platzt ein Vaterherz fast vor Stolz, wenn der Nachwuchs die ersten tapsigen Schritte durchs Wohnzimmer macht oder beginnt, nach Dingen zu greifen. Mütter erleben einen emotionalen Höhenflug, wenn das Kind anfängt, zu brabbeln oder seine verschiedenen Gesichtsausdrücke ausprobiert.

Und wie viele Eltern wünschen sich im Nachhinein, mehr Zeit mit ihren Kindern verbracht zu haben? Wie viele Eltern machen sich irgendwann Vorwürfe, sich in diesen Jahren nur auf die Arbeit fokussiert zu haben? Und bei wie vielen Eltern fällt irgendwann der Satz: »Ich wünschte, du wärst noch einmal so klein wie damals.« Aber im Moment der Realisation ist es bereits zu spät. Zu spät für die Kinder, um von ihren Eltern zu lernen, und zu spät für die Eltern, ihre Kinder aufwachsen zu sehen.

Vielleicht lohnt es sich, dafür auf ein wenig Einkommen zu verzichten? Vielleicht können beide Eltern ein wenig länger zu Hause bleiben. Es wird sich auszahlen. Denn auch, wenn diese Zeit von viel Stress, vielen Selbstzweifeln und wenig Schlaf geprägt ist, werden diese Eltern am Ende des Tages belohnt. Sie können sich Besuche beim Psychologen und regelmäßige Termine bei Pädagoginnen, Direktorinnen, dem Familienservice oder der Nachhilfe sparen und sich stattdessen später wieder auf sich selbst und ihre beruflichen Ziele fokussieren.

Karriere und Kind müssen sich also grundsätzlich nicht ausschließen. Die Politik muss es den Eltern leichter machen und sie finanziell unterstützen. Denn im Endeffekt profitieren alle davon, wenn in den ersten Jahren so viel Zeit wie möglich zusammen verbracht wird: die Kinder, die Eltern, die Beschäftigten der Bildungseinrichtungen und letzten Endes auch die Gesellschaft – also wir alle.

Der Druck des Staates hat verheerende Folgen

Wie wichtig diese ersten Jahre sind, ist offensichtlich nicht nur den Eltern, sondern auch dem Staat nicht bewusst. Oder es wird schlichtweg ignoriert. Denn seitens der Politik wird weiterhin großer Druck auf frisch gebackene Mütter und Väter ausgeübt. Wenn diese sich lieber auf das Kind fokussieren und sich in ihrer Rolle als Mama selbst verwirklichen wollen, wird darauf keine Rücksicht genommen. Zu wichtig ist angeblich die volle Einsatzfähigkeit einer Arbeitskraft und zu anstrengend ist die Wiedereinarbeitung einer Angestellten, die lange ferngebliebenen ist. In den meisten Berufen unterscheiden die Vorgesetzten daher auch nicht zwischen Frauen mit und jenen ohne Kinder.

Die meisten Familien sind während der Elternkarenz auf die finanzielle Unterstützung des Staates angewiesen. Aber um diese voll zu erhalten, müssen sie bestimmte Bedingungen einhalten. Und so lobenswert es auch ist, dass die österreichische Politik auf dem Papier eine Gleichstellung beider Elternteile erreichen will, bedeutet das in der Realität, dass die völlig ausgelaugte Mutter nach der Elternkarenz die folgenden zwei Monate von einem Tag auf den anderen als Vollzeitkraft in der Arbeit bleiben muss und stattdessen der Vater in Elternkarenz geht, um auf einmal den ganzen Tag für das Kind zuständig zu sein. Wie die

Eltern und vor allem wie das Kind das findet, danach wird hier nicht gefragt.

Diese familienpolitischen Regelungen werden langfristig dafür sorgen, dass sich zukünftig die gesellschaftspolitischen Probleme häufen werden. Doch an die Schwierigkeiten, die damit ausgelöst werden, wird kein Gedanke verschwendet. Darum soll sich wohl die zukünftige Generation von Politikerinnen und Politikern kümmern. Aber ob die Folgen dann noch auszubügeln sind, ist mehr als fraglich.«

Hier endet der Bericht meiner geschätzten und erfahrenen Kollegin. Vielleicht klingt er an manchen Stellen wütend, verbittert und vorwurfsvoll, aber das ist meiner Meinung nach auch mehr als verständlich, wenn man sieht, welche Probleme es gibt, stets darauf hinweist, aber seitens der Politik nichts passiert. Wer in unserem Beruf arbeitet, tut dies nicht wegen des Geldes. Sowohl im Kindergarten als auch in der Volksschule sind die Löhne vergleichsweise niedrig. Wir tun es, weil wir Kinder lieben und sie auf ihrem Weg begleiten wollen. Die Jahre, die sie bei uns verbringen, sind prägend für das ganze Leben. Hier werden die Weichen gestellt. Umso schmerzlicher ist es für uns, zu sehen, wie schlecht es sehr vielen Kindern geht.

Wie konnte es so weit kommen? Blicken wir im folgenden Kapitel einmal zurück und versuchen wir zu verstehen, was schiefgelaufen ist.

Kapitel 4

Die Rolle der Familie

Familie im Wandel

Während früher der Großteil der Kinder von den leiblichen Eltern großgezogen wurde und kinderreiche Familien die Norm waren, gibt es heute eine große Varianz an Familienstrukturen und der Trend bewegt sich immer weiter zum Einzelkind. Letzteres wirkt sich allerdings gar nicht so negativ auf die Entwicklung des Kindes aus, wie noch vor einigen Jahren angenommen. Trotzdem gibt es Hinweise darauf, dass Einzelkinder etwas weniger sozial sind als jene, die mit Geschwistern aufwachsen. Denn Geschwisterkinder haben einen besser entwickelten präfrontalen Kortex, der neben seinen vielen anderen Aufgaben auch für das Erkennen und Einordnen von Emotionen zuständig ist. Das ist essentiell, um anschließend ein moralisches Urteil fällen und angemessen reagieren zu können.

Doch nicht nur die Zahl der Einzelkinder steigt. Auch die Scheidungsrate ist wesentlich höher als noch vor hundert Jahren, als sich die meisten noch an das Motto »bis dass der Tod uns scheidet« hielten. Und obwohl die Anzahl der Scheidungskinder in den letzten Jahren sogar zurückgegangen ist, sind 2022 immer noch über 16.000 Kinder in Österreich von der Trennung ihrer Eltern betroffen gewesen. Sie müssen jetzt einmal pro Woche ihre Taschen packen und von einem Elternteil zum anderen umziehen. Es sei denn, einer von beiden hat das ausschließliche Sorgerecht übernommen, meistens ist es die Mutter. Egal wie es kommt, der Alltag des Kindes verändert sich in jedem Fall schlagartig. Was die einen einigermaßen gut wegstecken, führt bei anderen zu Wutausbrüchen, Depressionen, Schuldgefühlen oder gar apathischen Zuständen. Je jünger die betroffenen Kinder sind, desto radikaler wirkt sich diese Lebensumstellung auf ihr Wohlbefinden aus. Sie zeigen regressives Verhalten, nässen wieder ein oder reden plötzlich wieder in Babysprache. Weiters leiden sie häufig an Schlafstörungen und werden vermehrt krank.

Komplett anders steht es um die Kinder, die bei einer alleinerziehenden Mutter aufwachsen, die sich ganz bewusst für diese Situation entschieden hat. Denn anders als viele unfreiwillig geschiedene Frauen leiden diese Mütter weder an Depressionen, noch befinden sie sich in einer finanziellen Notlage und ihre Gedanken kreisen auch nicht immer um den nächsten Gerichtstermin mit dem Ex-Partner. Bei den Kindern dieser freiwilligen Alleinerziehenden lassen sich interessanterweise im Gegensatz zu Kindern aus klassischen Familienkonstellationen weder Unterschiede im Verhalten noch in der Entwicklung feststellen.

Einige Zeit nach der Trennung, wenn ein Elternteil eine neue Beziehung eingeht, kann es zur Bildung einer neuen Familienkonstellation kommen, die neben einem fremden Erwachsenen auch noch andere Kinder umfassen kann. In den meisten Fällen kommen dann fünf herausfordernde Jahre auf alle Beteiligten zu. So lange dauert es durchschnittlich, bis sich die einzelnen Parteien aufeinander eingestellt haben und anfangen, sich zu einer funktionierenden Patchworkfamilie zu entwickeln. Bis es aber so weit ist, verhalten sich die Heranwachsenden dem neuen Partner gegenüber vermehrt distanziert und die Beziehung unter den Stiefgeschwistern ist anfangs oft von Eifersucht oder Ablehnung geprägt. Und auch sonst gehen solche einschneidenden Veränderungen nicht spurlos an den Kindern vorbei. Sie zeigen vermehrt auffällige Verhaltensweisen und kommen öfter als Gleichaltrige mit der Polizei in Kontakt.

Besser geht es Kindern gleichgeschlechtlicher Elternteile. Noch vor einigen Jahren wurde behauptet, dass Kinder homosexueller Paare psychisch instabiler seien oder sich das Fehlen eines Geschlechts andersartig negativ auf die Entwicklung auswirke. Doch in all diesen Aspekten konnte kein signifikanter Unterschied zu gleichaltrigen Kindern von heterosexuellen Paaren verzeichnet werden. Wenn sie auffällig wurden, dann nur im positiven Sinne. Denn sie sind toleranter, anpassungsfähiger, selbstbewusster und zeigen ein fürsorglicheres Verhalten anderen gegenüber. Diese positiven Effekte haben ihren Grund in der stabileren Eltern-Kind-Beziehung, die von der Forschung bei homosexuellen Paaren beobachtet werden konnte.

Die Rolle der Mutter

Die Rolle der Mutter und die Mutterschaft haben sich in der Geschichte zweifellos verändert und zu keinem Zeitpunkt legten wir so viel Wert auf die Mutter-Kind-Beziehung wie heute.

Vor gerade einmal 200 Jahren waren die Kinder von Bauernfamilien meist ungeplant und nicht lange herbeigesehnt. Sie stellten eine finanzielle Belastung und keine emotionale Bereicherung dar und statt Verhaltensnormen am Küchentisch zu besprechen, wurden Manieren mit Schlägen in sie hineingeprügelt. Die Mutter war nach dem Wochenbett wieder im Betrieb eingespannt, für die Erziehung beziehungsweise die Züchtigung des Nachwuchses war der Vater zuständig.

Die Mutter gewann in der Erziehung ausschließlich dann an Bedeutung, wenn es um die Einarbeitung der Töchter in gewisse Zuständigkeitsbereiche ging, ansonsten hatte sie nahezu kein Mitspracherecht. Emotionale Bindungen wurden vermieden. Stattdessen wurden die Kinder so bald wie möglich auf dem Feld oder in der Produktion eingesetzt, um wenigstens einen ökonomischen Nutzen durch sie zu erzielen. Vorausgesetzt, sie erreichten überhaupt das arbeitsfähige Alter und starben nicht vorzeitig aufgrund mangelnder Hygiene, Unterernährung oder fehlender medizinischer Versorgung.

Wo in bäuerlichen Familien also bestenfalls ein Arbeitsverhältnis und keine tiefe Verbundenheit entstand, konnten Kinder reicher oder adeliger Bürger gar keine Bindung zu ihren Eltern aufbauen. Denn wenn es finanziell möglich war, wurden Kleinkinder in dieser Epoche frühzeitig abgegeben und wuchsen folglich meist nicht im Hause der Eltern, sondern in der Obhut einer Amme auf.

Erst im neunzehnten Jahrhundert entwickelte sich die Mutterrolle im Bildungs- und Besitzbürgertum hin zur klassischen Hausfrau, die ihre Zeit uneingeschränkt ihren Kindern widmet, sich aus dem öffentlichen Leben zurückzieht und den Kindsvater aus der Erziehung ausschließt. Frau und Mann wurden von nun an räumlich und ihren Tätigkeitsbereichen nach strikt getrennt. Der Mutter wurde das private Leben im Haus mit den Kindern zugesprochen, während der Vater im öffentlichen Bereich seinen Beruf ausübte. 1811 fand dieses Modell schließlich Einzug ins bürgerliche Gesetzbuch. Von nun an forderte der Staat von den Frauen, sich ganz und gar dem Haushalt und den Kindern hinzugeben. Außer Haus arbeiten durften sie nur, wenn der Mann das für sinnvoll erachtete. Den Arbeitsvertrag seiner Frau konnte er jederzeit rechtskräftig kündigen, da er die volle legale Entscheidungsmacht für beide Parteien trug.

Und auch wenn über die Jahre hinweg immer mehr Frauen ihre Rechte einforderten, änderte sich erst in den 1970ern die gesetzliche Grundlage. Von nun an hatten beide Parteien dasselbe Recht auf Erwerbstätigkeit. Außerdem trugen sie jetzt das gleiche Maß an Verantwortung und Entscheidungsrecht in Bezug auf die Kinder.

Seitdem hat sich der Arbeitsalltag für Frauen stark verändert. Während vor 1960 noch weniger als die Hälfte der österreichischen Frauen erwerbstätig war, sind es heute über zwei Drittel. Doch sie haben nicht nur in der Arbeitswelt Fuß gefasst, auch bei den Hochschulabschlüssen haben sie mittlerweile die Nase vorn.

Obwohl Frauen also karrieretechnisch auf der Überholspur sind, gehört am Ende des Tages für die meisten ein Kind dann doch irgendwie zu einem erfüllten Leben. Da heutzutage jedoch immer häufiger die Karriere vorgezogen wird, gebären Frauen immer später zum ersten Mal und das ist nicht ganz ungefährlich. Denn bereits Schwangerschaften ab dem 35. Lebensjahr gehen mit erhöhten gesundheitlichen Gefahren für Mutter und Kind einher. Für die Mutter bedeutet das, dass ihr Risiko, an den Folgen der Schwangerschaft zu sterben, bis zu zehn Mal höher ist als bei einer 25-jährigen Frau. Für das Ungeborene heißt es, dass seine Wahrscheinlichkeit, mit einer chromosomalen Störung auf die Welt zu kommen, mit jedem Geburtstag der Mutter steigt. So hat das Baby einer 35-jährigen Frau bereits ein vierfaches Risiko, Down-Syndrom zu bekommen, im Vergleich zu dem Baby einer Zwanzigjährigen. Bei Frauen über 45 ist die Wahrscheinlichkeit sogar fünfzig Mal so hoch!

Wenn die Schwangerschaft jedoch normal verläuft und ein gesundes Baby auf die Welt kommt, wollen diese karriereorientierten Frauen oft so früh wie möglich wieder zurück an den Arbeitsplatz. Oft wird ihnen gar keine andere Wahl gelassen. Aber dass es nicht so einfach ist, mit der einen Hand die Aktentasche und mit der anderen die Kinderhand zu umschließen, realisieren die meistens erst, wenn es bereits zu spät ist. In solchen Fällen beobachtet man Frauen, die, egal ob beim Schieben des Kinderwagens, auf der Bank am Spielplatz oder beim Anlegen des Kindes an die Brust, lieber auf ihr Handy als in die Augen ihres Nachwuchses schauen. Die Tätigkeiten, die auf das Baby bezogen sind, geschehen nebenbei, um hier noch schnell einen Termin zu verschieben und dort noch flott einen Auftrag abzuschließen. Was die Mutter macht und warum sie das tut, versteht das Baby nicht. Bei ihm prägt sich schlichtweg ein: »Das Handy ist wichtiger als ich.«

Die Rolle des Vaters

Doch nicht nur die Mutterrolle hat sich verändert, auch die Rolle des Vaters unterzog sich einem Wandel, auch wenn dieser eher schleichend geschah. Denn es war ein langer Weg vom Familienoberhaupt zum Alleinernährer bis zum heutigen Super-Dad, der sein Baby im Tragetuch durch die Innenstadt trägt.

Und auch in dieser Entwicklung war die Emanzipationsbewegung der 1970er ein ausschlaggebender Punkt. Denn seither spielt der Vater eine aktivere Rolle in der Kinderziehung und viele wünschen sich eine Gleichstellung beider Elternteile. Doch wenn es zum Sorgerechtsstreit kommt, geht immer noch meist die Mutter als Siegerin daraus hervor. Denn der Mann ist vom Klischee des Brotverdieners genauso wenig befreit wie die Frau vom Stereotyp der aufopfernden Mutter, auch wenn die junge Generation sich in eine gute Richtung bewegt.

Und weiterhin unterscheidet sich der Vater in seinem Verhalten dem Kind gegenüber eindeutig von dem der Mutter. Denn während die Mutter einen liebevollen und vertraulichen Part bildet, der gern engen Körperkontakt hält, werden vom Vater motorisch anspruchsvollere und spielerische Aktivitäten bevorzugt. Dass das Spielen die Bindung aber genauso stärken kann, beweist das Kuschelhormon Oxytocin, das während dieser Aktion sowohl beim Vater als auch beim Kind vermehrt ausgeschüttet wird – ähnlich wie beim Kuscheln. Außerdem belegen zahlreiche Studien, dass sich Kinder mit Vätern, die um eine enge Bindung zu ihrem Kind bemüht und auf die aktive

Beteiligung in der Erziehung bedacht sind, in allen Bereichen günstiger entwickeln. Eine gute Beziehung zum Vater wirkt sich also nicht nur positiv auf die motorischen Fähigkeiten, sondern ebenso auf die kognitiven, emotionalen, sozialen und sprachlichen Kompetenzen aus.

Ebenso wie die Mutter ist der Vater eine wichtige Identifikationsfigur. Die Buben lernen von ihrem männlichen Vorbild Werte und Normen, die ihr zukünftiges Verhalten entscheidend prägen. Und für die Mädchen stellt er die erste nahestehende Person des anderen Geschlechts dar, weshalb sich ein gestörtes Vater-Tochter-Verhältnis nachhaltig auf das spätere Liebesleben der Mädchen auswirken kann.

Schlussendlich sollten sowohl die Mutter als auch der Vater die ersten engen Bezugspersonen im Leben eines Kindes darstellen. Denn die Bindung, die sie zu ihrem Nachwuchs aufbauen können, ist einzigartig. So einzigartig, dass sie weder von den liebenden Großeltern und erst recht nicht von einer Elementarpädagogin ersetzt werden kann.

Erziehungsstile und ihre Folgen

Auch wenn sich die Rolle und das Verhalten der Eltern grundlegend verändert haben, lässt sich ihr Erziehungsstil meist immer noch einem der drei Grundtypen zuordnen, die bereits im 20. Jahrhundert von dem deutschen Psychologen Kurt Lewin definiert wurden.

Da gibt es zunächst den **autoritären Stil**, der bis vor wenigen Jahrzehnten noch relativ häufig war, heute aber nicht mehr besonders angesehen ist. Dabei handelt es sich um eine Erziehung, in der sich das Kind an viele Regeln halten und Verbote befolgen muss. Die Autoritätsperson verhält sich distanziert und ist lediglich dafür zuständig, Befehle zu erteilen. Das fördert nicht gerade die Selbstständigkeit oder die Kreativität der Kinder, schließlich müssen sie selten selbst entscheiden, sondern bekommen alles vorgegeben. Das führt dazu, dass sie außerhalb der elterlichen Aufsicht oftmals überfordert sind und gar nicht wissen, wie sie sich in der neu gewonnenen Freiheit verhalten sollen.

Den Gegenpart zum autoritären Stil bildet die **Laissez-Faire-Erziehung**. Wie der Name schon verrät, lassen die Erwachsenen die Kinder hier einfach machen, was sie wollen. Der Elternteil verhält sich dem Kind gegenüber relativ gleichgültig und in extremen Fällen grenzt sein Handeln sogar an Vernachlässigung. Es gibt keine konkreten Vorgaben und Hilfestellungen werden erst gegeben, wenn das Kind diese auch einfordert. Das Kind hat also keinerlei Struktur und niemanden, an dem es sich so richtig orientieren kann. Das macht aus dem einen Kind einen egoistischen Regelbrecher und aus dem anderen einen hilflosen Hitzkopf.

Den Mittelweg stellt der **demokratische Stil** dar. Dabei werden Entscheidungen nicht nur von einer Partei, sondern optimalerweise gemeinsam getroffen. Und wenn das nicht möglich ist, wird darauf geachtet, dass das Kind nachvollziehen kann, warum das jetzt so passieren muss. Dadurch wird ihnen ein gewisser Respekt entgegengebracht und ihnen gezeigt, dass sie als vollwertige Menschen wahrgenommen werden. Dadurch entwickeln sie ein höheres Selbstwertgefühl und mehr Selbstbewusstsein. Außerdem sind diese Kinder häufig kritikfähiger, übernehmen mehr Eigenverantwortung und sind gewillter, selbstständig einen Lösungsweg zu erarbeiten.

Arten von Eltern

Abgesehen von den voneinander abweichenden Erziehungsstilen lassen sich auch verschiedene Arten von Eltern unterscheiden.

Da gibt es zunächst die **Kumpel-Eltern**, die ihren Kindern am liebsten auf einer rein freundschaftlichen Basis begegnen würden. Dieses Phänomen tritt vor allem bei den Eltern der heutigen Generation Alpha auf. Sie lehnen den Erziehungsstil aus ihrer eigenen Kindheit ab und verhalten sich bewusst gegensätzlich zu der Art ihrer Eltern. Daher verhalten sie sich weniger streng und bemühen sich stattdessen um ein humorvolles Auftreten, um sich bei dem eigenen Kind beliebt zu machen.

Und so erstrebenswert eine liebevolle Beziehung zum Nachwuchs auch ist, kommt Eltern immer noch die Aufgabe zu, ihren Kindern Grenzen zu setzen, sie Respekt zu lehren und ihnen eine gewisse Struktur vorzugeben. Ansonsten wird sich das einst so liebe Kindlein schon bald als skrupelloser Tyrann entpuppen.

Helikopter-Eltern wollen sich am liebsten gar nicht von ihren Kindern trennen. Aber nicht, um mit ihnen lustige Dinge zu erleben oder um als Kumpel wahrgenommen zu werden, sondern um sie vor etwaigen Gefahren beschützen zu können. Doch diese übertriebene elterliche Fürsorge schirmt nicht nur jede Gefahr, sondern auch jede Chance auf die kindliche Weiterentwicklung ab. Denn wer nie etwas falsch macht, kann sich auch nie verbessern. Und wer nie mit Verlusten umgehen musste, wird auch im späteren Leben nur schwer mit frustrierenden Situationen umgehen können. Außerdem erleben Kinder von Helikopter-Eltern häufig eine verzögerte Sozialisierung, da sie auch beim Spielen mit Gleichaltrigen immer ihre Mutter im Rücken haben, die zur »Not« eingreifen kann.

Sogar noch eine Schippe drauf legen die **Schneepflug-Eltern**. Anstatt ihre Kinder dauerhaft im Blick zu haben, um auf mögliche Gefahren schnellstmöglich reagieren zu können, räumen diese alle Stolpersteine aus dem Weg, bevor ihre Kinder überhaupt damit konfrontiert werden. So ist der Streit mit dem Nachbarsjungen bereits geschlichtet, bevor das Kind überhaupt davon mitbekommt und der Pädagogin wird schon im Vorhinein klar gemacht, wie sie sich dem Sprössling gegenüber zu verhalten hat. Damit ebnen die Eltern zwar kurzfristig die nächste Lebensetappe des Kindes, aber auf lange Sicht verstellen sie ihm damit ein Leben voller Selbstständigkeit und Selbstbewusstsein. Denn diese Kinder werden später für jeden kleinen Schritt externe Anweisungen verlangen und nur mit viel Zeit- und Energieaufwand anfangen, auf sich selbst und ihre Fähigkeiten zu bauen.

Ebenfalls ein Problem mit ihrem Selbstwertgefühl haben wider Erwarten die Kinder, die von ihren Eltern für jeden noch so kleinen Erfolg mit Lob überschüttet werden. Dem Umgang mit Anerkennung entsprechend, werden diese Eltern als **Gießkannen-Eltern** bezeichnet. Während ernst gemeinte und der Situation angemessene anerkennende Worte das Kind beflügeln und es zu neuen Herausforderungen motivieren, führen diese übertriebenen Lobpreisungen nur zu noch mehr Selbstzweifeln. Diese Kinder lernen nie, auf ihre eigenen Verdienste stolz zu sein und sind auch im späteren Leben stets auf positive Rückmeldungen von Außenstehenden angewiesen. Außerdem definieren sie sich nur über ihre Leistungen und sie vertrauen auch nicht auf die bedingungslose Liebe ihrer Eltern, sondern machen sie vom Ausmaß des Lobes abhängig.

Wenn alles gut läuft, ist vom nächsten Eltern-Typ nichts zu sehen. Die **U-Boot-Eltern** tauchen nämlich erst auf, wenn es zum Äußersten kommt. Dem Kind bei den Hausaufgaben behilflich zu sein oder sich beim Elternsprechtag nach dem aktuellen Notenstand zu erkundigen, steht bei diesen Eltern nicht auf der Tagesordnung. Doch sobald sie Wind davon bekommen, dass die Versetzung ihres Kindes in Gefahr sein könnte, treten sie der Lehrperson drohend gegenüber und erwarten von ihr eine umgehende Lösung des Problems.

Autoritäres Verhalten weisen auch die **Tiger-Eltern** auf. Allerdings treten sie damit nicht anderen Erwachsenen, sondern ihren eigenen Kindern gegenüber. Sie erwarten von ihnen durchgehend Höchstleistungen und sind sich dafür keiner noch so boshaften Methode zu schade. Sie schreien ihre Kinder an, gönnen ihnen keine Pause, behandeln sie herabwürdigend, sprechen eine Drohung nach der anderen aus und drillen sie wie es sonst nur beim Militär üblich ist. Die Folgen können von Unselbstständigkeit durch die ständigen Anweisungen bis hin zu Depressionen oder sogar Angststörungen reichen.

Ganz anders gehen die **Delfin-Eltern** mit ihren Kindern um. Sie finden eine gesunde Balance zwischen liebevoller Fürsorge und autoritärem Auftreten. Sie geben ihrem Kind den nötigen Freiraum, um sich zu entfalten und verpassen es gleichzeitig nicht, ihm gesellschaftlich wichtige Regeln nahezubringen. Und sie gewähren ihrem Kind ein gewisses Mitspracherecht und lassen es trotzdem nicht zu, dass es ihnen auf der Nase herumtanzt.

Kapitel 5

Die Rolle der Politik

Schweden als Musterschüler

In den meisten der 4.500 österreichischen Kindergärten läuft jeden Tag das gleiche Spielchen ab. Nach und nach hängt an jedem Haken eine Jacke, im Flur türmen sich die bunten Hauben und Kappen, in jeder Ecke liegt ein Rucksack und im Gruppenraum wuseln 25 Kleinkinder herum. Die eine Hälfte frühstückt, ein paar gehen unerlaubt hinaus in die Außenbereiche und ein Kind ist höchst verzweifelt, weil der Papa nach einer halben Stunde Kuscheln dann doch den Weg in die Arbeit antreten musste. 25 Probleme und eine Pädagogin. Um zu verstehen, dass diese Rechnung nicht aufgehen kann, muss man wahrlich kein Mathegenie sein.

Ganz anders sieht es da in den skandinavischen Ländern aus, die ihr Kindergartensystem schon vor mehreren Jahrzehnten revolutioniert haben. Der Grund dafür liegt in der dort früher steigenden Zahl der erwerbstätigen Mütter. Anstatt ihnen Steine in den Weg zu legen, hat die schwedische Regierung Lösungen erarbeitet, damit sich ein liebevolles Familienleben und eine blühende Karriere nicht weiterhin ausschließen müssen.

Hierfür steht man den Frauen bereits vor der Geburt ihres Kindes unterstützend zur Seite und nimmt ihnen die Angst, aufgrund einer Schwangerschaft den Job zu verlieren. Denn es ist gesetzlich verankert, dass sich eine Schwangerschaft nicht negativ auf den Bewerbungsprozess auswirken und erst recht nicht der Grund für eine vorzeitige Entlassung sein darf.

Und auch die Elternzeit ist anders geregelt als in Österreich, wo die Elternkarenz maximal 24 Monate beträgt, wenn beide Elternteile gehen. In Schweden hingegen stehen den Eltern grundsätzlich sechzehn Monate zu, wovon 480 Tage bezahlt sind. Von diesen sechzehn Monaten sind maximal vierzehn auf den Partner übertragbar, um eine beidseitige Beteiligung an der Kindererziehung zu fördern. Diese möglichst gerechte Aufteilung der Karenz unterstützt Schweden seit 2008 mit dem Gender-Equality-Bonus sogar finanziell. Diese Gleichstellung beider Elternteile findet aber nicht nur im Gesetzbuch statt, sondern wird tatsächlich auch gelebt. Denn während in Österreich nicht einmal ein Fünftel aller Väter die Karenzzeit in Anspruch nimmt, verzichtet in Schweden lediglich einer von zehn Vätern darauf.

Dieses System ist für alle Beteiligten nur mit Vorteilen verbunden. Die Frau hat weiterhin alle Karrierechancen und muss sich während der Arbeit nicht wie eine Rabenmutter fühlen, während der Mann die Möglichkeit bekommt, sein Kind richtig kennenzulernen und es aufwachsen zu sehen. Und am meisten profitieren natürlich die Kinder, wenn sie von beiden Parteien in ähnlichem Ausmaß betreut werden.

Nach dieser wertvollen Elternzeit besucht der Großteil der Kinder einen Kindergarten. Dafür steht jedem

Kind ab dem ersten Lebensjahr gesetzlich ein Kindergartenplatz zu, der von der eigenen Kommune innerhalb von vier Monaten zur Verfügung gestellt werden muss. Dort können die Kinder, zumindest wenn beide Elternteile eine Vollzeitstelle belegen, den ganzen Tag verbringen. Wenn Betreuung gebraucht wird, ist Betreuung da. Wenn nötig außerhalb der regulären Öffnungszeiten und sogar am Wochenende oder über Nacht. Und auch in anderen Bereichen stellen sich die Bildungsplätze auf die Kapazitäten der Eltern ein und nicht umgekehrt. Zum Beispiel müssen Familien, die weiter vom Kindergarten entfernt leben, nicht eine Stunde früher aufstehen, um das Kind noch vor Arbeitsbeginn dort abzuliefern, sondern sie können es ruhigen Gewissens in die Obhut des Fahrdienstes übergeben. Und wenn sie das Kind dann nach der Arbeit wieder abholen, können sie sich sogar noch eine Portion des Mittagessens mitnehmen. Denn hier werden nicht nur die Kinder vom hauseigenen Koch mit nahrhaftem Essen versorgt, sondern, wenn gewünscht, eben auch die Eltern.

Die Bezahlung für diesen umfassenden Service ist von der Höhe des Einkommens abhängig, beträgt aber für das erste Kind maximal 1.260 schwedische Kronen – das sind ungefähr 111 Euro – im Monat und nimmt bei jedem weiteren Kind linear ab. Ab dem vierten Kind müssen dann keine finanziellen Abgaben mehr geleistet werden.

Obwohl schwedische Kinder also von Anfang an viel Zeit in Fremdbetreuung verbringen, scheinen sie davon keine Schäden davonzutragen. Woran kann das liegen?

Weil nicht nur auf das Wohl der Kinder und der Eltern Wert gelegt wird, sondern auch der Berufsweg und schließlich der Alltag der schwedischen Kindergarten-Fachkräfte stark von denen in Österreich abweichen.

Der erste Unterschied findet sich bereits in der Ausbildung, die in Österreich auf Fachschulen, in Schweden hingegen bereits seit 1977 auf Universitäten stattfindet. Und auch sonst gleicht sich die Ausbildung dort immer mehr der von schulischen Lehrkräften an. Durch diese institutionsübergreifenden Grundsätze im Curriculum soll die Zusammenarbeit von Kindergarten-Fachkräften und Lehrerinnen gefördert werden, um eine optimale Entwicklung vom Krabbelkind bis zum Schulabgänger zu gewährleisten.

Was jedoch einen weitaus größeren Effekt hat, ist der Fachkraft-Kind-Schlüssel, und damit die Qualität.

Bei den Kleinsten, also den unter Dreijährigen, kommt eine Fachkraft durchschnittlich auf drei Kinder und auch bei den Größeren ist eine Person für maximal fünf Kinder zuständig.

Damit Kinder glücklich und zufrieden sind und wir Pädagoginnen und Pädagogen gut arbeiten können, brauchen wir starke Bindungen und Beziehungen. Und das geht nur mit einem guten Fachkraft-Kind-Schlüssel. Im Kindergarten legen wir das Fundament in der jeweiligen Bildungsbiografie eines Kindes. Das alles geht aber nur, wenn wir genug Personal, Zeit und Raum haben.

In den schwedischen Kindergärten hat außerdem die Kommunikation mit den Eltern einen höheren Stellenwert als bei uns. Bei uns sind leider zweiminütige Gespräche zwischen Tür und Angel die Norm. Da ist gerade einmal genug Zeit, zu sagen, dass das Kind ein frisches Wechselgewand bräuchte. Für ganzheitlichere Themen bleibt oft keine Zeit, auch wenn es die Möglichkeit von Entwicklungsgesprächen gibt. In Schweden organisieren die Kindergärten dagegen regelmäßige, häufige Elternabende, bei denen sie mit den Eltern über den Entwicklungsstand des Kindes sprechen. Warum ist das so wichtig? Wenn wir wissen, was zuhause gerade los ist, können wir besser auf das Kind eingehen. Wenn die Eltern wissen, wie sich das Kind im Kindergarten verhält, was es gerade lernt und mit wem es spielt, verstehen sie ihr Kind besser. So sieht eine optimale Zusammenarbeit zwischen Kindergarten und Erziehungsberechtigten aus.

Eine weitere schwedische Spezialität ist die Rolle der Natur. Dort kann der Mittagsschlaf an einem verschneiten Tag auch einmal in einem witterungsgeschützten Unterstand draußen abgehalten werden.

Manche Eltern gehen einen Schritt weiter und schicken ihr Kind von Anfang an in einen Waldkindergarten, von denen es in Schweden deutlich mehr gibt als bei uns. Dort verbringen die Kinder den gesamten Tag im Freien, in der Fabrik hergestellte Spielzeuge gibt es nicht. Sie spielen mit allem, was sich in der Natur finden lässt, und wenn ein Kind eine Puppe haben will, muss es sich eben eine basteln.

Wer nun glaubt, dass sich diese Kinder in verwilderte Waldmenschen verwandeln, die mit den Fingern essen und kein vernünftiges Gespräch führen können, irrt gewaltig.

Die täglichen Natur-Erlebnisse konfrontieren sie immer wieder aufs Neue mit unbekannten Dingen und Herausforderungen. Sie hinterfragen und lernen dabei auch sprachliche Kompetenzen. Sie erleben Herausforderungen und bewältigen sie im Team, was ihre soziale Entwicklung fördert. Das macht diese Kinder nicht nur kommunikativer, sondern auch kooperativer. Der intensive Kontakt mit der Natur fördert ihre Kreativität und Motorik. Schließlich bauen sie hier täglich Verstecke aus Ästen und Blättern, sie pflücken Blumen oder basteln kleine Tierchen aus selbst gesammeltem Holz.

Und zu guter Letzt hat der Waldkindergarten viele Vorteile für die körperliche Entwicklung, denn im

Wald sitzen die Kinder viel weniger. Langes Sitzen ist ohnehin nicht kindgerecht. Hier balancieren sie über rutschige Äste, springen über Steine, klettern auf Bäume oder kriechen in Höhlen.

Wer jeden Tag mit einer Umgebung konfrontiert ist, die sich im Lauf der Jahreszeiten täglich wandelt, der entwickelt natürlich ein besseres Körpergefühl als jene Kinder, die nur den rutschfesten Zimmerboden kennen.

Studien bestätigen die positiven Effekte des Waldkindergartens. Die Kinder können sich im Schnitt besser konzentrieren, schließen schneller Freundschaften und arbeiten lösungsorientierter.

Österreich als Klassenclown

Österreich ist von so einem System, bei dem ein Zahnrad geschmeidig ins nächste greift und von dem alle profitieren, weit entfernt. Denn um das zu erreichen, müssten wir nicht nur mehr investieren, sondern wir müssten auch die Gesetzgebung von Grund auf verändern. Warum tun wir es nicht endlich? Sind die geschilderten Zustände in den Kindergärten nicht alarmierend genug?

Natürlich finden solche weitreichenden Veränderungen nicht von heute auf morgen statt, es wäre ein langer Prozess, bis sich alles einpendelt. Und gerade deshalb müssten Menschen an der Spitze der Regierung stehen, die das Problem erkennen und bereit sind, die Verantwortung dafür mitzutragen. Aber vor allem müssen sie endlich erkennen, dass die Kinder die Zukunft Österreichs sind.

Momentan denken die meisten Politikerinnen und Politiker in der Regierung leider überhaupt nicht zukunftsorientiert.

Sie erkennen den Wert der Kinder nicht. Aktuell fließen im Durchschnitt erbärmliche 0,7 Prozent des Bruttoinlandsprodukts in die elementare Bildung.

Damit liegt Österreich sogar unter dem EU-Durchschnitt und ist von dem, was die schwedische Politik in ihre Kindergärten investiert, natürlich weit entfernt. Und auch wenn Österreich nicht die blau-gelbe schwedische Flagge schwenken und alle Kinder ganztags im Freien spielen lassen wird, muss endlich etwas passieren. Aber was?

1. Die Elementarpädagogik in Österreich muss einheitlich gestaltet werden. Denn bis jetzt macht jedes Bundesland seine eigenen Regeln. Deshalb fällt auch die Bezahlung überall unterschiedlich hoch aus. Wo man in Wien im öffentlichen Bereich von einem Einstiegsgehalt von mindestens 3.186 Euro

brutto ausgehen kann, bekommen Elementarpädagoginnen und Elementarpädagogen in der Steiermark für das Ausüben derselben Tätigkeiten über 400 Euro weniger. Bei so einer Differenz ist es nicht verwunderlich, dass manche Fachkräfte jeden Tag für die Arbeit in ein anderes Bundesland pendeln.

2. Auch die Art der Bildungseinrichtungen variiert noch viel zu stark. Jedes Bundesland kocht sein eigenes Süppchen und das tut nicht allen gut. Während sich die Kindergärten in der Hauptstadt immer mehr an die Lebens- und Arbeitsverhältnisse der Eltern anpassen, müssen sie im Westen Österreichs den Arbeitsplatz teilweise frühzeitig verlassen, um sicherzustellen, dass das Kind nicht in der Kälte warten muss. Das bestätigt auch eine Studie der Eco Austria, nach der sechzig Prozent der Frauen die Betreuungspflicht ihrer Kinder als Grund für ihre Teilzeitstelle angeben. Mit dem Ausbau der Kindergärten wäre also sowohl den Eltern als auch ihren Arbeitgebern geholfen – selbstverständlich nur mit dem dafür benötigten Personal. Denn so können sich erstere nach der Elternzeit auf ihre Karriere fokussieren und letztere müssen keine Vollzeitstelle unbesetzt lassen. Dafür wäre allerdings ein Prozent des Bruttoinlandsprodukts für die elementare Bildung nötig. Und zwar in ganz Österreich – nicht nur in Wien.

3. Zusätzlich müsste jedes Jahr eine Milliarde Euro mehr in die Hand genommen werden, um den Beruf attraktiver zu gestalten. Abgesehen vom Ausbau der Kindergärten muss der Fokus vor allem auf der Ausbildung junger Fachkräfte liegen. Schließlich ist das momentan der einzige Weg, um den Fachkraft-Kind-Schlüssel zu senken, den kindlichen Bedürfnissen gerecht zu werden und die Fachkräfte vor einem Burnout zu bewahren.

Doch vor diesem Problem verschließt die Politik die Augen und wundert sich dann, warum immer weniger Menschen den Beruf ausüben wollen oder frühzeitig einen Wechsel antreten.

Die Beschäftigten sind überlastet,
frustriert und hoffnungslos.
Überlastet, weil sie die Verantwortung für zu viele Kinder gleichzeitig tragen. Frustriert, weil sie den Kindern nicht das bieten können, was sie gerne möchten. Und hoffnungslos, weil sie in naher Zukunft nicht mit Änderungen rechnen. Weder im politischen noch im gesellschaftlichen Sinne.

Denn nicht nur in der Politik muss sich endlich etwas tun, sondern auch in den Köpfen der Menschen muss endlich der Groschen fallen. Apropos Groschen: Nur weil der Kindergarten kostenlos ist, ist er noch lange nicht nichts wert – im Gegenteil. Die Allgemeinheit muss endlich anfangen zu akzeptieren, dass die Beschäftigten der Bildungseinrichtungen einen elementaren Part in der Entwicklung der Kinder darstellen und sie damit die Stützen der Gesellschaft bilden. Und dementsprechend wollen sie auch entlohnt und vor allem wertgeschätzt werden.

Schließlich sind sie es, die tagtäglich einem hohen Lärmpegel ausgesetzt sind, die körperliche Beschwerden in Kauf nehmen und in einem psychisch belastenden Umfeld arbeiten. Trotzdem wird auf gute Arbeits- und Rahmenbedingungen weiterhin keine Rücksicht genommen.

Dabei sind sie es, die eine neue Generation ausbilden, die probieren, die unterlassenen Leistungen vieler Eltern auszubügeln und die quasi an vorderster Front vor dem Zusammenbruch der Gesellschaft stehen. Trotzdem heißen sie im Volksmund noch belächelnd »Spieltanten«.

Wenn sich all das nicht bald ändert, ist es nur noch eine Frage der Zeit, bis sie endgültig das Handtuch werfen.

Bildung und Beratung für Eltern

Jeder Mensch kann sich mit den entsprechenden finanziellen Mitteln ein Auto kaufen, aber niemand wird es ohne Führerschein fahren. Schließlich muss man zuvor Kurse besuchen und Prüfungen ablegen, um einem Unfall vorzubeugen und Strafzettel zu vermeiden.

Jeder mit den körperlichen Voraussetzungen kann jedoch ein Kind bekommen. Aber weil es keinen Eltern-Führerschein gibt, werden viele Kinder von Unwissenden erzogen – beziehungsweise verzogen. Denn bei einem Baby ist nicht einmal der Geburtsvorbereitungskurs verpflichtend, er wird den werdenden Müttern lediglich empfohlen. Und wenn sie diesen nicht für nötig erachten oder keine »Zeit damit verschwenden wollen«, weil sie glauben, dass sie in diese Rolle ohnehin hineinwachsen, müssen sich Eltern kein Buch durchlesen, keiner Expertin zuhören und kein Seminar besuchen, um sich auf diese Aufgabe vorzubereiten.

Ist es nicht grotesk, dass die Politik um das Wohl eines Autos anscheinend besorgter ist als um das eines Kindes?

Zum Glück reagieren die meisten Eltern in den meisten Situationen ohnehin intuitiv richtig. Nichtsdestotrotz ist auch die beste Mutter oder der beste Vater, die oder der zig Erziehungsratgeber gelesen hat, manchmal überfordert. Und da man ein Kind nicht einfach in die Werkstatt schicken kann, wenn man mit der Erziehung gegen die Wand fährt, sollte das Angebot für werdende Eltern ausgebaut und attraktiver gestaltet werden. Denn obwohl es Beratungsstellen gibt, werden diese nur von den wenigsten aufgesucht, da sie für viele eher für einen komplett verzweifelten Hilferuf stehen und leider nicht für verantwortungsvolles Verhalten.

Nachdem sich anscheinend viele Eltern mehr um ihren guten Ruf als um das Wohlergehen ihres Kindes sorgen, sollte das Besuchen eines Kurses, der das Grundwissen vermittelt, verpflichtend sein. Nur so können wir sicherstellen, dass wir möglichst viele Eltern über Themen wie Erziehung, Gesundheit, richtige Ernährung, kindliche Entwicklung, Kommunikation oder Konfliktmanagement aufklären. Außerdem können wir besonders im Gespräch mit Expertinnen Vorschläge diskutieren und Lösungswege finden. Das beugt einer möglichen Überforderung seitens der Eltern vor und unterstützt ein behütetes Aufwachsen seitens der Kinder.

Papa, leg das Handy weg!

Neben den erwähnten Erziehungsthemen, die bereits vor hundert Jahren wichtig gewesen wären, wurde in den letzten Jahrzehnten vor allem das Thema Digitalisierung in vielen Familien präsenter. Deshalb ist es unerlässlich, Eltern über die Risiken, die Medien bieten, aufzuklären. Denn nur, wenn sie über die Gefahren Bescheid wissen, können sie ihren Kindern einen richtigen Umgang mit den technischen Geräten vermitteln und sich darüber informieren, welche Beschränkungen sie einrichten sollten.

Mittels Apps wie Kids Place ist es möglich, die Medienzeit zu begrenzen. Außerdem lassen sich gewisse beliebte Apps kinderfreundlich einrichten, um zu verhindern, dass sie gefährliche Inhalte konsumieren.

Letzten Endes ist aber vor allem das eigene Verhalten der Eltern entscheidend. Wir Erwachsene sollten dem Kind ein gesundes Ausmaß an Medienzeit vorleben. Man kann noch so viel wissen und das Kind noch so sehr mit Information zutexten – wenn Papa oder Mama selbst die ganze Zeit auf das Handy starren, möchte das Kind das natürlich auch und erkennt darin keine Gefahr.

Gerade kleinen Kindern schadet regelmäßiger Medienkonsum ungemein. Älteren Kindern das Handy oder Tablet komplett zu verbieten, könnte aber auch zu einem Problem werden. Der goldene Mittelweg - kontrollierter Konsum - kann die Lösung sein.

Leider ist er nicht die Regel. Die meisten Eltern gehen mit dem Thema Medien viel zu leichtfertig um. Sie wollen oder können sich wegen sprachlicher oder intellektueller Hürden nicht informieren. Oft kriegen sie deshalb gar nicht mit, was die Kinder an den diversen Geräten so konsumieren. Pädagoginnen und Pädagogen berichten oft von Kindergartenkindern, die auf Netflix oder anderen Streaming-Plattformen schon ganz auf sich alleine gestellt Inhalte für Erwachsene konsumieren, wie Horrorfilme. Und das kommt in allen Schichten vor, unabhängig von Bildungsgrad und Einkommen.

Die Kinder zu sensibilisieren, mit ihnen zu reden und auch immer wieder Nein zu sagen, wenn sie fernsehen oder am Tablet spielen wollen, ist für Eltern natürlich mühsam. Aber es ist auch dringend notwendig!

Wer seine Kinder stundenlang im blauen Schein des Fernsehers oder Tablets sitzen lässt, braucht sich später nicht zu wundern. Wir Pädagoginnen und Pädagogen erleben die Folgen jeden Tag: Kindergartenkinder, die noch nicht sprechen können, sich verhaltensauffällig zeigen oder linkisch bewegen. Schulkinder, die sozial unterentwickelt sind und deshalb andere ausschließen und mobben.

Kinder als Opfer der allgegenwärtigen digitalen Medien. Noch können wir das Ruder herumreißen. Noch ist es nicht zu spät.

Kapitel 6

Krisen über Krisen

Früher war alles besser? Das machen wir uns zu leicht. Jammern kann jeder. Aber es ist eine Tatsache, dass heute viele Dinge ins Wanken geraten sind. Die Krisen in unserem Land und in der Welt häufen sich. Alles wirkt beschleunigt, hektisch, hysterisch. Bei vielen hinterlässt das ein Gefühl der Überforderung und der Erschöpfung. Kein Wunder also, dass auch Familien, Kinder und Kindergärten davon nicht verschont bleiben. Alles hängt zusammen. Wenn die Eltern wegen diverser Krisen wie Corona, Klimawandel, Inflation und Kriegen aus dem Gleichgewicht geraten, spüren das die Kleinsten oft am deutlichsten. Und sie reagieren. Und das macht es für die Eltern und für uns Pädagoginnen und Pädagogen noch schwieriger. Werfen wir einen kurzen Blick auf die Auswirkungen der drei größten Krisen: Inflation, Klimawandels und Coronapandemie. Wie wirken sie sich auf Familien, Kinder und Kindergärten aus? Was können wir tun, um ihre teilweise verheerenden Folgen abzufangen und wieder einen guten Weg zu finden?

Die Inflation macht Kinder dick & krank

1. Pommes vor dem Fernseher

Die Teuerungskrise macht Kinder immer dicker. Klingt unlogisch? Wäre es nicht naheliegender, dass finanzschwache Eltern wegen teurer Lebensmittelkosten nicht mehr genug zu essen kaufen können? Tatsächlich ist die Inflation einer der Gründe, warum Übergewicht bei Kindern deutlich zunimmt. Während es früher in jeder Klasse durchschnittlich ein übergewichtiges Kind gab, welches komisch beäugt wurde, fällt heute oft eher das einzige schlanke Kind im Klassenzimmer auf.

Wie hängt das zusammen? Während das Leben immer teurer wird, bleibt das Gehalt gleich. Und obwohl sich momentan die meisten Menschen diesem Dilemma stellen müssen, sind Menschen mit Kindern einem noch höheren Druck ausgesetzt. Sie müssen nicht nur ihren eigenen, sondern noch weitere Mägen füllen. Als eine der Folgen stocken viele Eltern ihre Wochenarbeitszeit auf und verbringen immer mehr Zeit in der Arbeit und immer weniger Zeit zuhause. Nach einem langen Arbeitstag noch kurz vor Ladenschluss in den Supermarkt zu hetzen, um frische Lebensmittel einkaufen zu gehen und sich anschließend stundenlang hinter den Herd zu stellen, ist da verständlicherweise bei vielen nicht mehr drin. Um die Familie satt zu bekommen, lagern in den Küchenschränken verschweißte Großpackungen von Fertiggerichten, in der Tiefkühltruhe stapelt sich eine Industriepizza auf die nächste. Und wenn die Familie doch einmal gemeinsam essen geht, führt der Weg zum McDonald‘s ums Eck. Ein Hamburger dauert nur wenige Minuten und stellt damit zeitmäßig jede Tiefkühlpizza in den Schatten. Das ist zwar eine warme Mahlzeit, aber der Nährwert ist gleich null und langfristig schadet Fastfood der Gesundheit massiv, das wissen wir eigentlich alle.

In gestressten Familien, in denen schon die Zeit für die Zubereitung eines gesunden und schmackhaften Abendessens fehlt, ist an einen Ausflug in den Park erst gar nicht zu denken. Stattdessen werden die quengelnden Kinder, die seit Stunden in der Wohnung hin und her rennen, mit einem Teller Pommes vor den Bildschirm gesetzt, damit sie endlich Ruhe geben. Wenn sich das von der Ausnahme zur Regel entwickelt, verlieren sie bald komplett ihr Gefühl für das Essen. Sie können nicht mehr einschätzen, wann sie Hunger haben und wann nicht und schaufeln so einfach alles in Reichweite Liegende in sich hinein.

Diese Kombination aus falscher Ernährung, unbewusstem Essen und Bewegungsmangel führt schlussendlich zu einer erschreckenden Statistik: Mittlerweile ist jedes vierte Volksschulkind übergewichtig. Buben aus dem städtischen Umfeld sind besonders gefährdet.

2. Armut isoliert Kinder

Doch nicht nur das Essverhalten leidet unter der finanziellen Not der Eltern. Denn während die Geldprobleme immer größer werden, wird die Wohnfläche immer kleiner. Das ist für die Kleinsten, die ohnehin meist die Nähe zu den Eltern suchen und es lieber kuschlig haben, noch nicht so problematisch. Aber spätestens, wenn Kinder anfangen, sich von ihren Eltern abzukapseln, brauchen sie einen Rückzugsort. Stattdessen leben viele in einer winzigen Kammer, die eine Kombination aus Kinderschlafzimmer und Arbeitszimmer der Eltern darstellt, die vielleicht sogar noch mit Kisten vollgeräumt als Abstellraum dient.

Abgesehen von den beengten Verhältnissen, in denen sie aufwachsen müssen, haben diese Kinder auch sonst keine Möglichkeit, sich zu entfalten. Schließlich fehlt ihnen die nötige Anregung und die Chance, neue Dinge auszuprobieren. Denn sie haben nur ein paar wenige Bücher im Regal stehen und auch die Auswahl an Spielsachen fällt spärlich aus. Sie sind weder Teil eines Fußballvereines, noch können sie einmal in der Woche ihre Freundinnen und Freunde bei der Probe des städtischen Kinderchores treffen, weil für diese Freizeitaktivitäten das Geld einfach nicht reicht.

Sie erfahren schlichtweg keine Förderungen und das schlägt sich in allen Bereichen nieder. So spricht fast die Hälfte der in einkommensschwachen Familien aufwachsenden Kinder nur lückenhaftes Deutsch. Auch in anderen kognitiven Kompetenzen liegen sie eindeutig unter dem Durchschnitt. Zusätzlich weisen sie eingeschränkte soziale Fähigkeiten auf, sind schnell überfordert und verdrängen Probleme eher, als sie zu lösen. Sie trauen sich nicht, für sich selber einzustehen und ziehen sich schneller zurück. Die fehlende Zeit mit Gleichaltrigen resultiert darüber hinaus in auffälligem Spielverhalten, das von wenig Motivation und nahezu nicht vorhandener Ausdauer geprägt ist.

3. Armut ist erblich

Armut macht Kinder psychisch krank. Schließlich müssen sie nicht nur mit ihren eigenen Problemen und der tagtäglichen Ausgrenzung zurechtkommen, sondern sind durch die Schwierigkeiten ihrer Eltern vorbelastet. Auch wenn sich die Eltern noch so sehr bemühen, vermitteln sie ihre Sorgen oft unbewusst an die Kinder.

Gerade für Kinder einkommensschwacher Familien stellt der Besuch eines Kindergartens eine dementsprechend große Chance dar. Das belegen zahlreiche Forschungsarbeiten, die bei benachteiligten Kindern die größten Entwicklungsfortschritte im Zuge der außerfamiliären Betreuung beobachten. Schließlich haben sie im Kindergarten die Möglichkeit, verschiedene Spielsachen auszuprobieren, neue Freundschaften zu schließen, ihre körperlichen Fähigkeiten unter Beweis zu stellen oder einfach nur einen liebevollen Umgang zu erfahren. Doch gerade sie werden meist erst spät unter die Fittiche der Elementarpädagoginnen und Elementarpädagogen genommen. Die Defizite sind dann häufig nicht mehr auszugleichen und sie werden folglich in der Volksschule nur mehr mühsam mitgeschleift.

Diese Kinder haben den denkbar schlechtesten Start, künftig nicht mehr in Armut leben zu müssen.

Denn eine gute Bildung verspricht bessere Jobangebote und infolgedessen ein höheres Gehalt. Doch diese Chance werden die meisten von ihnen nie bekommen, denn die wenigsten von ihnen werden jemals ein Gymnasium oder gar eine Universität von innen sehen. Und so entwickeln sich in Armut aufwachsende Kinder zu in Armut lebenden Erwachsenen. Sie werden ihre Kinder ebenfalls in prekären Verhältnissen großziehen müssen. Ihnen wird es eines Tages ebenso schwerfallen, aus diesem Teufelskreis auszusteigen.

Der Klimawandel führt zu Frühgeburten

Jeden Tag sterben weltweit über 4.000 Kinder an den Auswirkungen des Klimawandels und unzählbar mehr leiden unter seinen Folgen. Abgesehen von den körperlichen Beschwerden, die durch die Hitze, Luftverschmutzung und extreme Wetterereignisse entstehen, haben Kinder zusätzlich mit psychischen Problemen zu kämpfen. Denn sie bekommen mehr mit, als so mancher Erwachsene vermutet. Sie spüren intuitiv die schwelende Angst, die viele Eltern vor der Zukunft unseres Planeten haben. Und sie reagieren mit Schlafstörungen, Lernschwierigkeiten und anderen Problemen.

Doch der Klimawandel erschwert nicht nur Kleinkindern ein normales Aufwachsen, sondern wirkt sich bereits schädlich auf das Ungeborene aus. Ein Team rund um die Medizinerin Prof. Dr. Petra Arck fand heraus, dass die wachsende Zahl der Frühgeburten mit den steigenden Temperaturen in Zusammenhang steht. Auch wenn der Großteil der Frühchen mittlerweile überlebt und sie die körperlichen Retardierungen in den meisten Fällen über die Jahre aufholen können, weist immerhin noch ein Drittel aller Kinder dauerhafte Probleme auf. Diese liegen hauptsächlich im kognitiven Bereich und fallen oft erst mit dem Eintritt in die Schule auf, wo diese Kinder häufiger Probleme beim Lesen, Schreiben oder Rechnen haben. Außerdem tendieren sie eher zu Aufmerksamkeitsstörungen wie ADHS und liegen mit ihrem Intelligenzquotienten unter dem Mittelwert der Kinder, die zur richtigen Zeit geboren wurden.

Neben den schulischen Leistungen leidet auch ihre Persönlichkeitsentwicklung unter der verkürzten Zeit im Mutterleib, wie Wissenschaftler des *Institute of Psychiatry* am Londoner *King's College* herausfanden. Sie untersuchten über hundert, mittlerweile erwachsene Menschen, die vor der 33. Schwangerschaftswoche zur Welt kamen, und gelangten zu der Diagnose, dass sich Frühchen später ängstlicher und in sich gekehrter verhalten. Und während sich diese Kinder kaum hinter dem Rücken ihrer Eltern hervorzuschauen trauen, kämpfen diese oft wie Löwen für sie. Nicht selten würden sie ihren Zöglingen am liebsten einen Heiligenschein aufsetzen. Sie entschuldigen die ADHS-Diagnose schnell einmal mit kindlicher Energie. Es scheint für diese Eltern nicht von Relevanz zu sein, ob es für ein vierjähriges Kind nicht langsam an der Zeit wäre, selbstständig aufs Klo gehen zu können. Oder dies zumindest artikulieren zu können und nicht nur eigenartige Laute von sich zu geben.

Die Erderwärmung führt also wie viele andere Faktoren zu mehr verhaltensauffälligen und in ihrer Entwicklung massiv beeinträchtigten Kindern.

Kinder der Pandemie

Erinnern Sie sich? Für mehrere Monate haben wir alle den Atem angehalten. Während Erwachsene im Home-Office ihrer Arbeit nachgingen, Berufe nach ihrer Systemrelevanz gestaffelt wurden und ein regelrechter

Krieg um Masken und Nudeln ausbrach, versank die Welt im Chaos. Und in dieses nach Desinfektionsmittel riechende und möglichst keimfreie Durcheinander wurden nicht wenige Babys geboren.

Im Gegensatz zu Jugendlichen und Erwachsenen, die sich an viele ungewohnte Beschränkungen halten und an schmerzhafte Veränderungen gewöhnen mussten, war diese seltsame Welt für die Neugeborenen von Anfang an der Normalzustand.

Es war für sie nicht ungewöhnlich, den Großteil ihrer Freizeit auf der Couch in den eigenen vier Wänden zu verbringen, schließlich waren Schwimmbäder, Spielplätze und Sportanlagen geschlossen. Dadurch war ihr motorisches Entwicklungspotential erheblich eingeschränkt und ihr Spielverhalten konnte in vielen Fällen nicht zu Genüge ausgebildet werden.

Es war für sie normal, ausschließlich mit den eigenen Eltern zu kommunizieren und sich weder auf die Gefühle noch auf die Bedürfnisse anderer Menschen einstellen zu müssen. Deshalb sind ihre sozialen Kompetenzen häufig schwächer entwickelt, als es in ihrem Alter normal wäre. Vielen fiel es schwer, sich von ihrem selbstzentrierten Verhalten zu lösen und sich zu einer weltoffenen Persönlichkeit zu entwickeln. Außerdem hinkten sie durch die Isolation der Lockdowns in der sprachlichen Entwicklung hinterher.

Für Kinder war es plötzlich alltäglich, sich nach dem Schuhe-Ausziehen direkt die Hände zu waschen.

Im schlimmsten Fall hatten diese Kinder noch nie im Dreck gespielt, wussten dafür aber, wo die Desinfektionstücher aufbewahrt werden.

Für diese Kinder war der erste Besuch im Kindergarten natürlich ein Schock. Auf einmal gab es viele andere kleine Menschen, es durften Sandburgen gebaut und mit Fingerfarben Bilder gemalt werden. Es durfte gekuschelt, experimentiert und geschrien werden. Kurz: Sie durften plötzlich Kinder sein. Und daran mussten sie sich erst einmal gewöhnen.

Während die einen diese neue Umgebung gut annehmen konnten, war es für andere schwierig, das Verpasste aufzuholen und das Vergangene hinter sich zu lassen. Und so entstand neben den unauffälligen, gesund entwickelten Kindern ein Pool an Pandemie-Kindern, die nicht nur ein eigenes Desinfektionsgel, sondern auch einen Haufen Probleme in den Kindergarten mitbrachten.

Wir müssen über Lukas reden

So ein bemitleidenswertes Pandemie-Kind ist Lukas. Bevor er in den Kindergarten kam, hatte er seine gesamte Kindheit in einer kleinen Wohnung mit seinem alleinerziehenden Vater verbracht, der im Home-Office arbeitete. Lukas' Papa war also zwar meistens anwesend, aber selten wirklich für ihn da und eigentlich immer im Stress. Deshalb musste sich Lukas in seinem kindlichen Alltag häufig alleine beschäftigen. War er von Menschen umgeben, waren diese ausschließlich im Alter seines Vaters.

Als Lukas mit vier Jahren in den Kindergarten kam, fiel den Pädagoginnen direkt auf, dass er sich eigenartig bewegte. Von den typischen fließenden kindlichen Bewegungen fehlte jede Spur. Er erinnerte mit seiner steifen und grobmotorischen Art eher an einen Roboter als an ein menschliches Wesen. Und genau wie ein Roboter verbrachte auch Lukas nahezu keine Zeit in der Natur. Seine Pädagoginnen bemerkten, dass das Aufheben einer Kastanie nicht nur eine motorische Herausforderung für ihn darstellte, sondern allem Anschein nach auch eine komplett neue Erfahrung war.

Wie seine Bewegungen war auch der Umgang mit Gleichaltrigen ungelenk. Da er nicht wusste, auf welche Weise er ihre Aufmerksamkeit erlangen konnte, ließ er es bleiben. Zu groß war seine Angst vor der fremden Situation, zu niedrig war sein sprachliches Niveau. Wie sollte er auch in der Lage sein, sich mit anderen Kindern zu unterhalten, wenn er bislang nur einen einzigen Kommunikationspartner gehabt hatte, der mangels Zeit kaum mit ihm gesprochen hatte?

Lukas wusste auch im Alter von vier Jahren noch nicht, wie man nach einem Buch fragt oder ausdrückt, dass man aufs Klo muss.

Am Anfang seiner Kindergartenzeit war es keine Seltenheit, in irgendeiner Ecke des Raumes eine kleine Lacke zu finden oder zusehen zu müssen, wie er in der Öffentlichkeit plötzlich seine Hose herunterzog, um sich zu erleichtern.

Unser größter Schatz

Wir sind Pädagoginnen und Pädagogen, weil uns Kinder und Eltern am Herzen liegen. In diesem Buch wollten wir nicht nur zeigen, was alles schiefläuft, sondern auch, wie sich das ganze System aus unserer Sicht verbessern ließe. Und das Beste: Das ginge sogar mit wenig Geld. Vergleichsweise.

Denn wir sollten die für den Bildungsbereich dringend notwendigen Ausgaben mit all jenen vergleichen, die durch die volkswirtschaftlichen Schäden und falsch verteilten finanziellen Mittel in diesem Land anfallen.

Mit diesem aus unserer Sicht überfälligen Buch möchten wir etwas in Bewegung bringen. Etwas, das uns allen wieder Hoffnung für die Zukunft schenkt. Es ist an der Zeit, unseren größten Schatz wiederzuentdecken. Unsere Kinder.

Eine Einschätzung der Lage durch den Reproduktionsmediziner Prof. DDr. Johannes Huber

Das Nestprivileg

Platon definierte den Menschen als zweifüßiges Wesen ohne Federn. Und auch wenn ihm die breite Masse zustimmte, empfand Diogenes diese Beschreibung als nicht umfassend genug. Um seinen Standpunkt zu verdeutlichen, brachte er ein gerupftes Huhn in Platons Schule und präsentierte es mit den verächtlichen Worten: »Das ist Platons Mensch!«

Ich kann Platons Bild aber einiges abgewinnen. Auch wenn sich der Mensch von einem Vogel natürlich durch mehr als nur das Federkleid unterscheidet, sind sie sich in einigen Dingen gar nicht so unähnlich. Ohne die elterliche Fürsorge sind beide Arten nämlich lebensunfähig. Es ist für beide zu Beginn überlebensnotwendig, dass man sich um sie kümmert.

Sowohl Küken als auch Neugeborene haben das in der Biologie sogenannte Nestprivileg. Denn anders als ein Rehkitz, das bereits nach kurzer Zeit auf seinen wackeligen Beinen stehen und schon bald mit der Mutter mitlaufen kann, krabbeln Babys nicht schon wenige Minuten nach der Geburt im Kreissaal herum.

Auch Küken würden beim frühzeitigen Verlassen des Nestes ihrem sicheren Tod entgegenstürzen. Um das zu verhindern und die Eltern dazu zu motivieren, ihren Nachwuchs zu pflegen, ist die Bindung entscheidend. Denn wo kein Bezug ist, gibt es auch kaum Motivation, das Bündel Fleisch am Leben zu erhalten. Außerdem würden sie es sich dann von vornherein sparen, Tage oder gar Wochen umherzuziehen, um die passenden Äste für den Bau des Nestes zu finden. Vogeleltern investieren also eine immense Energie und viel Zeit in ihren Nachwuchs. Aber warum haben auch wir Menschen dieses Nestprivileg?

Unfertige Säuglinge

Bereits bei dem Skelett des Australopithecus afarensis-Mädchens Lucy stellten die Forscher jene körperlichen Voraussetzungen fest, die für einen aufrechten Gang von Nöten sind. Um über einen längeren Zeitraum auf zwei Beinen gehen zu können, mussten vor Millionen von Jahren einige Adaptionen stattfinden. Zum Beispiel entwickelte sich die Fußwölbung und der große Zeh verlor seine Fähigkeit zur Opposition. Von nun an wurde er nur noch zum Laufen und nicht mehr zum Greifen eingesetzt. Weiters musste das Hauptjoch nach vorne verlagert werden, um das Gewicht des Schädels auf der Wirbelsäule ausbalancieren zu können. Und auch die Form der Wirbelsäule selbst musste sich im Laufe der Evolution verändern. Denn nur die heutige S-Form ermöglicht einen über den Füßen liegenden Schwerpunkt, ohne dabei die inneren Organe zu verdrängen. Bei Tieren, die sich hauptsächlich auf vier Beinen fortbewegen, ist dagegen eine C-Form zu verzeichnen. Und schlussendlich musste sich auch das Becken an die neue Art der Fortbewegung anpassen. Der Beckengürtel wurde schmäler und die Conjugata Vera, die die engste Stelle des Geburtskanals markiert, durfte einen Durchmesser von zehn Zentimetern nicht mehr überschreiten. Ansonsten würde das Laufen zur Herausforderung werden. Letzteres ist der Grund, weshalb Kinder nicht länger im Mutterleib verbleiben können. Ansonsten würden sie sich mit dem zu großen Kopf den Weg durch den Geburtskanal versperren.

Das führt dazu, dass sich das Gehirn nicht vollständig entwickeln kann, was wiederum zur Folge hat, dass sie ihr Leben zunächst nicht alleine meistern können, sondern nach der Geburt in höchstem Maße auf externe Betreuung angewiesen sind. Damit die Mutter das Bedürfnis entwickelt, das Neugeborene intensiv zu umsorgen, ist die Bindung essenziell.

Aber sie braucht Zeit, Mutter und Kind müssen sie aufbauen. Dieser Prozess beginnt bereits in der

Gebärmutter, wo das Ungeborene schon in der dreißigsten Woche die Bewegungen der Mutter erkennen und ihre Stimme zuordnen kann. Doch die Bindung ist nicht allein von den sanften Worten der Mutter oder dem liebevollen Streicheln ihrer Hände über den prallen Bauch abhängig, sondern sie wird zusätzlich hormonell unterstützt. Und gerade deshalb ist es ein Trugschluss zu behaupten, dass die Beziehung zwischen Mutter und Kind austauschbar sei. Schließlich wurde sie schon vor der Geburt von Mutter Natur in Stein gemeißelt.

Eine besondere Rolle kommt dabei dem Hormon Oxytocin zu, welches bei der Mutter sowohl bei der Geburt als auch beim Stillen vermehrt freigesetzt wird. Wenn der Vater die Geburt miterlebt, schüttet er dabei das Hormon Vasopressin aus, welches ebenso wichtig für die Brutpflege ist. Dadurch werden in ihm schlummernde Kräfte freigesetzt, wenn es um die Verteidigung seines Territoriums und seiner Kinder gegen ein fremdes Männchen geht.

Das Kind, das nun auf der Welt ist, erinnert sich natürlich noch an das intrauterine Leben. Es weiß, wie die Mutter riecht, es weiß, wie die Mutter redet, es weiß, wie die Mutter sich anfühlt. Und vor allem erinnert es sich noch ganz genau an das Gefühl der Geborgenheit, das es die letzten neun Monate empfunden hatte.

Die magischen drei Jahre

Das ist der Grund, warum es gerade in den ersten Jahren so wichtig ist, dass das Kind so oft wie möglich abgeschmust und gestreichelt wird. Und auch wenn die Mutter dafür die naturgemäß beste Kandidatin darstellt, kann diese Aufgabe auch von einer anderen Person übernommen werden, solange der Kern des kindlichen Wohlbefindens, also diese Bindung, gegeben ist. Denn schon Aristoteles erkannte den Menschen als zutiefst »soziales Lebewesen«. Dementsprechend schlecht geht es einem Säugling, der keine Beziehung zu der eigenen Mutter oder generell zu einem anderen Menschen aufbauen kann.

Hier kommt die Epigenetik zum Tragen, die den Aktivitätszustand von Genen beeinflusst. Denn auch, wenn das Genom bereits bei der Empfängnis angelegt wird, werden die Gene erst in den frühen Lebensjahren durch den Erhalt einer elektrischen Ladung aktiviert. Und genau diese Acetyl-Reste sind der Grund dafür, dass sich manche Gene bemerkbarer machen als andere.

Und wenn dem Kind in dieser Entwicklungsphase durch die Trennung oder Abwesenheit einer Bezugsperson eine Stresssituation signalisiert wird, ist der Glukokortikoid-Rezeptor, der auf ebendiesen reagiert, bei ihm später überrepräsentiert.

Und diese Modifikation bleibt ein Leben lang.

Deshalb reagieren diese Kinder später auf eine stressige Situation schneller und gewaltiger, da die zuständigen Rezeptoren in zu großer Menge vertreten sind. Eine fehlende Bindung im Kleinkindalter kann also mit emotionalen Überreaktionen und einer nicht vorhandenen Stressresistenz im Erwachsenen-Leben einhergehen.

Andererseits ist es im Tierreich der Fall, dass ein Vogel, der dauerhaft um sein Leben fürchten muss, stärkere Federn bekommt und dementsprechend besser fliegen kann. Das lässt sich auf den Menschen unterschiedlich übertragen. Einerseits könnte man sagen, dass aus einem gestressten Baby ein abgehärteter Erwachsener wird. Doch andererseits lässt sich ein dichteres Federkleid auch mit einem höheren Maß an Aggression gleichsetzen, das sich im Verhalten vieler vernachlässigter Kinder widerspiegelt.

Doch um es gar nicht erst so weit kommen zu lassen, braucht der Mensch sein Nest. Und im Gegensatz zum Vogel, der eines realen Nests bedarf, das ihn vor Fressfeinden beschützt, braucht der Mensch im übertragenen Sinne ein emotionales Nest, das ihn davor bewahrt, von innen aufgefressen zu werden. Die Bindungslosigkeit und das fehlende Gefühl der Sicherheit eines menschlichen Babys ist wie der Wurf eines Kükens aus dem Nest.

Beide sind dem Tode geweiht.

Allheilmittel Oxytocin

Wenn wir uns also die Frage stellen, warum die Gesellschaft sich verändert hat und die Jugendlichen nicht mehr so sind, wie sie es vor einigen Jahrzehnten noch waren, müssen wir nur einen Blick in ihre frühe Kindheit werfen. Denn nicht nur eine gestörte Reaktion auf Stress lässt sich von der fehlenden Bindung in dieser entscheidenden Zeit ableiten. Es gibt sogar Theorien, dass es einen Zusammenhang zwischen einem zu niedrigen Oxytocin-Spiegel in der Schwangerschaft und dem Auftreten von Autismus gibt. Seit man über diese Korrelation Bescheid weiß, versucht man, den betroffenen Menschen soziale Interaktionen durch die zusätzliche Einnahme des Hormons zu erleichtern oder die Entwicklungsstörung sogar zu heilen.

Oxytocin ist ein Kuschelhormon, es vermittelt den Kindern ein wunderbares Gefühl von Geborgenheit. Seine Ausschüttung verlangsamt die Atmung sowie die Herzfrequenz und löst Anspannung. Zusätzlich blockiert es die Ausschüttung des Stresshormons Cortisol, welches nachweislich das Immunsystem schwächt. Neben Cortisol werden auch die Schmerzrezeptoren im Rückenmark behindert. Deshalb ist es so effektiv, ein weinendes Kind, das sich verletzt hat, in den Arm zu nehmen und zu streicheln.

Außerdem fördert Oxytocin die Reifung der Synapsen im Gehirn und trägt damit zu einer erhöhten

Gedächtnisleistung bei. Dieses erstaunliche Bindungshormon macht uns also nicht nur sozialer und bindungsfähiger, sondern gleichzeitig entspannter, gesünder, schmerzresistenter und sogar klüger.

Der beste Start ins Leben

Die erste Bindung unseres Lebens ist ein menschliches Grundbedürfnis. Wir müssen sie ganz einfach unseren Kindern schenken. Davon profitieren nicht nur sie selbst, sondern auch ihre Familie und die ganze Gesellschaft. Ob die Mutter, der Vater, die Oma oder notfalls auch ein Fremder diese Aufgabe übernimmt, ist hierbei nicht von Relevanz, solange das Kind ein Gefühl von Sicherheit verspürt.

Um das zu ermöglichen, sollte zunächst einmal den Eltern bewusstwerden, dass sie mit der Zeugung eines Kindes eine Verpflichtung eingehen.

Eltern übernehmen nichts Geringeres als die Verantwortung für ein neues Leben. Sollte das nicht mehr wert sein als die nächste Gehaltserhöhung?

Niemand muss seine Karriere komplett an den Nagel hängen. Aber die Eltern sollten es so einrichten, dass sich in den ersten drei magischen Jahren intensiv um ihr Kind gekümmert wird. Wenn es möglich ist, sollten sie selbst in dieser Zeit weniger arbeiten. Ist dies nicht möglich, brauchen sie eine ausgezeichnete Fremdbetreuung, in der alle Bedürfnisse des kleinen Wesens erfüllt werden.

Wenn man diese Phase gut übersteht, kann man ein körperlich und seelisch gesundes Kind in die Welt entlassen. Ist es nicht das schönste Gefühl überhaupt, zu wissen, dass man einen neuen Menschen für die nächsten siebzig oder achtzig Jahre, die er auf dieser Welt verbringen wird, gut vorbereitet hat?

In Relation zur ganzen Lebensspanne sind diese drei Jahre nur ein kleiner Bruchteil, doch dieser ist wie der erste Stein eines Turmes. »Wer hohe Türme bauen will, muss lange beim Fundament verweilen,« pflegte schon Aristoteles zu sagen.

Kinder sind die Basis der Gesellschaft.
Ihr eigenes psychisches und körperliches
Fundament bildet das aller Menschen.
Wir müssen unbedingt mehr auf ihr
Wohl achten.

Wir müssen die Zeit, die wir in sie investieren, für Eltern attraktiver gestalten. Der erste Schritt in diese Richtung wäre die fortlaufende Auszahlung des Lohns bis zum dritten Lebensjahr des Kindes. Denn selbst wenn sich eine Frau gerne der Erziehung ihres Kindes widmen, es beim Aufwachsen begleiten möchte und in dieser Rolle aufblühen würde, ist das aufgrund der sich immer weiter auflösenden Familienstrukturen heute oftmals nicht mehr möglich. Schließlich kann sich vor allem eine alleinerziehende Frau meistens nicht einfach mal so drei Jahre Vollzeit der Erziehung ihrer Kinder widmen, wenn sie weiterhin ein Dach über dem Kopf und regelmäßig ein warmes Essen auf dem Tisch haben möchte.

Ein Mensch, der an Krebs erkrankt, erhält über Jahre hinweg einen Teil seines Gehalts. Und dabei geht es um das Wohl eines Einzelnen. Da sollte es doch auch im Rahmen des Möglichen sein, einem neuen Erdenbürger, einem neuen Steuerzahler und einem neuen Mitglied der Gesellschaft einen bestmöglichen Start ins Leben zu ermöglich. Zu seinem individuellen aber eben auch dem kollektiven Wohlbefinden! Denn dass diese Zeit magisch und von größter Bedeutung ist, hat die Wissenschaft schon lange erkannt. Nur in den Köpfen der Menschen muss sich der Schleier der Uneinsichtigkeit noch lichten.